デジタル時代の人材マネジメント

組織の構築から人材の選抜・評価・処遇まで

HR Management in the Digital Age

野村総合研究所
内藤琢磨 編著
TAKUMA NAITO

東洋経済新報社

目　次

序　章　デジタル時代に適応できない日本の人事制度

第1章　デジタル化の現状

1　まだ成果が出ないデジタルトランスフォーメーション……14
2　デジタル化で実現したいこと……18
■デジタル化による顧客への価値提供……20
■デジタル化による業務プロセス改革……23
3　改革を阻む組織とヒト……27

第2章　デジタル人材処遇の勘所

1　デジタル人材をめぐる問題意識……34
■デジタル人材とは……36
ビジネス系デジタル人材……37
IT 系デジタル人材……39
■デジタル人材の特性考察……40
デジタル人材の全体傾向……41
ポジションや立場によって異なるワークモチベーション……44
デジタル人材が共感する経営理念、ビジョン……45
所属組織による格差……47
ビジネス系デジタル人材は上位概念重視……50

他国 IT 職種人材との比較 52
■現場の管理職が意識すべきこと 55
2 日本型人事制度とデジタル人材 58
■人事制度の大別 58
職能型人事制度（純日本型人材マネジメント） 60
職務型人事制度（欧米型人材マネジメント） 61
役割型人事制度（新日本型人材マネジメント） 63
■既に機能不全化している純日本型人材マネジメントモデル 65
■デジタル化とリーダー人材 72
3 経営者のリーダーシップでコンフリクトを乗り越える 75

第3章 デジタルトランスフォーメーションを実現する組織・人材戦略

1 デジタルトランスフォーメーションに必要な人材とは 80
デジタル人材（IT 系・ビジネス系）の獲得 80
必要なのはデジタル人材の獲得だけではない 82
デジタルトランスフォーメーションを実現する組織・人材戦略の３つのポイント 84
2 デジタルとビジネスを繋げるブリッジパーソンの獲得 88
デジタル時代に求められるミドルリーダー像 88
Tech ベンチャーへの「留職」制度を持つパナソニック 92
デザインシンキングの活用によるブリッジパーソンの育成 93
全社員がデザインシンキングを身に付けることを目指す SAP 96
デザインシンキングの「実践」により自社の変革を目指すコニカミノルタ 98
ブリッジパーソンを招聘するダイキン 101

3　秩序破壊のできる経営人材　104
外部人材の招聘による秩序破壊　106
サイバーエージェントの経営人材育成方法　108
リスクテイクできる経営人材の育成　109
デジタル人材とビジネス人材の共存組織　113
技術人事本部による横串機能　114
「あした会議」による事業部発信の人材育成施策　116
4　デジタルトランスフォーメーションの下地づくり　116
ダイキンの全社員向けAI教育制度　119
パナソニックのAI人材育成プログラム　122

第4章　デジタルトランスフォーメーションを支える処遇制度

1　外部市場価値を意識した報酬制度　128
部長クラスと同額水準で処遇できるか　128
社内序列を崩したトヨタの幹部職制度　130
外部市場価値連動型の人材を獲得できる仕組みが必要　132
外部市場価値に基づいた職種別の報酬　133
非IT企業における職種別の報酬水準設定のハードル　135
仕事に給与を払うことで外部市場価値に連動させる　136
2　「既存の人材」と共存するためのアプローチ　140
①有期雇用形態の活用　142
大日本印刷のケース　143
戦略子会社A社・B社のケース　148
〈無期転換ルールへの対応〉　150
〈有期雇用形態の不安をどう解消するか〉　154
②職務給と能力給のハイブリッド型の報酬制度　157

YKK グループのケース 159
③「出島組織」における外部市場価値連動型の報酬制度 162
戦略子会社C社のケース 162
コラム 給与体系の抜本的変革が難しい場合 167
3 デジタル化のステージに合わせた外部市場価値連動型への移行 170
事業の状況や得たい成果に応じてアプローチは変わる 170
職務の総量をモニタリングする仕組み 173
4 デジタル時代の評価制度の潮流 175
デジタル時代に固有の「評価の目的」は存在するか 175
デジタル時代の事業運営のトレンド 176
①評価の短サイクル化 179
②テレワーク下における評価 181
③現場への権限委譲 182
④外部市場を意識した評価 184
⑤多面的なフィードバック 186

第5章 デジタル時代の人材戦略を実現に導く6ステップ

トランスフォーメーションができるかどうか 190
デジタル化に向けた人材戦略は改定ではなく変革 190
変革を実現するための6ステップ 191
ステップ1 トップが人材戦略に対して自身の想いを持ち、コミットメントを明確にする 193
デジタル化による事業変革に応じた人材戦略の策定が必要 193
人事委員会の運用高度化 193
ステップ2 役員層の視点を全体最適視点へ転換する 195
デジタル化は組織のサイロ化を加速し、個別最適視点を強める 195

儀礼的な会話から生成的な対話への転換（個別最適から全体最適視点へ）……197

ステップ３　役員層でありたい姿を描く……200

ギャップアプローチからポジティブアプローチへの転換……200

コラム デジタル化を自分事として捉え、デジタルマインドを持つために……204

ステップ４　役員とCHROが現場管理職を共鳴型で巻き込む……206

現場管理職をどう巻き込むか（職務給への転換のケース）……206

策定―浸透モデルから共鳴モデルへの転換……208

ステップ５　現場管理職による双方向のマネジメントへの転換……210

1on1を活用した双方向マネジメント……212

情報通信企業Ａ社の役員起点の1on1浸透・導入のケース……214

ステップ６　人事部門がHRテクノロジーを活用して社員エンゲージメントをモニタリングする……215

エンゲージメントサーベイやパルスサーベイの活用……215

デジタル化に向けた人材戦略を実現するために……217

あとがきに代えて

デジタル化と同一労働同一賃金……220

会社組織と社員の定義が変わる?!……221

謝辞（お世話になった皆様へ）……223

序　章

デジタル時代に適応できない日本の人事制度

2020年4月、新型コロナウイルス感染対策として非常事態宣言が発出されると多くの企業では可能な限り、社員をテレワークとする勤務体系に移行した。

ZOOMやSkype、Teamsといったアプリ・ツールを活用した働き方の変革が一気に加速するだけなく、デジタルを活用し対面接触を極小化する新たなビジネスモデルも次々と生まれている。

そしてwith コロナの時代に一層加速するデジタル化に伴い、「デジタル人材」というキーワードも毎日当たり前のように目にするようになってきている。

データサイエンティストやAIエンジニアの獲得に向けて、伝統的な国内大手企業が一般社員とは別枠で高額報酬を提示したり、社内の人材にAIスキルを習得させたりするための教育体系を再整備する動きが加速している。こうした動向は従前からのIT人材不足問題とはその切迫度、危機感の強さにおいてまったく異次元の対応に見える。

デジタル化はビジネスモデルの破壊的な変化をもたらすだけではなく、従来の仕事のやり方（業務プロセス）にも劇的な変化を迫る。デジタルトランスフォーメーションと呼ばれるこうした進化を実現するためには、高度なデジタルスキルを有するデータサイエンティストやAIエンジニアだけではなく、デジタル化による変化を主導するリーダー人材の確保が不可欠である。そういった人材を確保すべく、日本企業はこれまでの育成体系やキャリアパスを見直さなくてはならなくなってきた。

こうした変化は長期雇用を前提とした新卒一括採用、職能（職務遂行能力）をベースとした長期決済型の賃金システム、あるいは相対的に遅めの経営人材選抜といった日本型人材マネジメントモデルに大きな変化を迫ることをも意味する。

過去、日本企業は経営・事業のグローバル化や低成長経済下における事業構造改革の各局面において、抜本的な人材マネジメントモデル変革を先送りしてきた。その結果、ITやデジタルに限らず優秀人材の獲得・リテンションについては、グローバルITプラットフォーマーや魅力的な仕事を提供する国内スタートアップ企業に対しても大きく劣後する結果となってしまった。

本書は、デジタル時代を迎え、日本企業が立ち向かうべき、人事・人材マネジメントの変革を先進企業の取り組み事例を交えながら紹介をしていく。日本型人材マネジメントモデルを維持してきた日本企業が、今後デジタル化を進める上でどのように人事・人材マネジメントモデル変革を進めていくのかを、コンサルティングの経験も交えて示していきたい。

デジタル化に向けた人事・人材マネジメント変革がいまだに大きなムーブメントとならない真因には、「日本の経営者自身にデジタルの本質に対する理解や経験が欠如していること」「デジタルでビジネスモデルを描くリーダー人材の不足」、そして「デジタル化によるビジネスモデル変革や業務プロセス変革に対する現場・組織の抵抗」等があげられる。本書では、デジタル人材の獲得やその処遇方法といった人材育成体系、人事処遇制度の考え方や紹介にとどまらず、デジタルトランスフォーメーションに向けた組織変革やそのステップについても言及していく。

第1章ではデジタル化の現状を、人材視点から総括したい。デジタル化に対する多くの企業の取組みはPoC[1]にとどまり、まだ成果に繋がっていないと言えるが、組織・人材問題からその原因を整理する。

第2章ではデジタル人材処遇の勘所を取り上げる。株式会社野村総合研究所（以下、NRI）では今般、ワークモチベーション調査を実施し、デジタル人材のモチベーション要因や思考特性を考察した。高額の報酬が新聞紙上を賑わすデジタル人材だが、そもそもどのような役割・ミッションを負う人材なのか、旧来的なIT人材との違いは何かを当該調査を基に整理した上で、その処遇や育成・獲得方法と日本型人材マネジメントモデルとの親和性を述

1　PoC：Proof of Concept　新しい概念や理論、原理、アイデアの実証を目的とした、試作開発の前段階における検証

べていく。

第３章ではデジタル時代の人材育成や人材獲得のあり方を述べる。AIエンジニアやデータエンジニアの獲得だけではデジタルトランスフォーメーションは実現できない。デジタルで経営のかじ取りができる「経営人材」、デジタルテクノロジーとビジネスを繋ぎ、新たなビジネスモデルの創出や業務プロセスの抜本的改革をリードする「ブリッジ人材」、そしてAIやビッグデータを操ることのできる人材を幅広く確保するための「デジタルビジネスの下地づくり」のすべてがこれからの企業には必要である。どのようにしてそうした人材を獲得するのかを、先進・萌芽事例を交えて紹介していきたい。

第４章では処遇制度のあり方について述べていく。デジタル人材の処遇方法は多くの企業において最も頭を悩ませる問題である。なぜならばそれがデジタルビジネスに直接的に従事していない非デジタル人材や従来からのIT部門に所属するIT人材の処遇との公平性やバランスの問題に直結するからである。こうした解くことが困難な問題に対して、我々は「外部市場価値連動型」職務給制度の導入をそのアプローチとして提案していく。また雇用形態も従来の無期雇用契約型だけではなく、有期雇用契約型や業務委託形態も含めて様々な枠組みについて実例を交えて紹介していく。

そして第５章ではデジタル化に向けた人事・人材マネジメントの変革を会社全体にどのように働きかけ、実行し、組織の隅々にまで浸透させていくかについて、「組織開発」の観点から整理していく。まずは経営トップ自らがこの改革に対して想いを持ち、役員全員を改革に向けてチームアップしていくことが求められる。そうした一連のステップには「組織開発」のアプローチが有用であると考える。デジタル化に向けた人材育成体系や処遇制度の仕組みができても、その思想面も含めて組織に適切に浸透させていかなければこの改革は過去の日本企業の失敗を繰り返すだけとなる。

20～30年間その会社でキャリアを重ねないと一人前と見なされない、といったような日本型マネジメントモデルはあらゆる業種・業界におけるグローバル競争において苦戦を強いられている日本企業の状況と無縁ではない。

逆に言えば、デジタル時代の到来はこれまで日本企業が何度も挑戦し跳ね返されて来た日本型人材マネジメントモデル変革の絶好の機会となる。今こそ、人事・人材問題を先送りした過去の経営からは決別すべきである。

第1章

デジタル化の現状

1 まだ成果が出ないデジタルトランスフォーメーション

ビッグデータやAIを活用した日常生活やビジネスが社会全体に広がろうとしている。日本人のあらゆるデバイスでのインターネットの利用時間は1日平均4時間22分であり、テレビの平均視聴時間（2時間26分）の2倍に迫ろうとしている[1]。携帯端末のみならず各種の製品・部品に利活用が広がるセンサーは、近い将来1兆個を突破するとの予測がある（図表1-1）。

あらゆるモノをインターネットで繋ぐ“IoT”（Internet of Things）に続き、ネットワークとデータがすべてを飲み込むデジタル時代が本格的に到来しつつある。

デジタル時代の競争をリードする米国GAFA[2]や中国BAT[3]を中心とする、いわゆるグローバルプラットフォーマーは、質の高い顧客体験を設計す

図表 1-1 ▶ トリリオン・センサの国内市場規模推移と予測（数量・金額：2015-2040年予測）

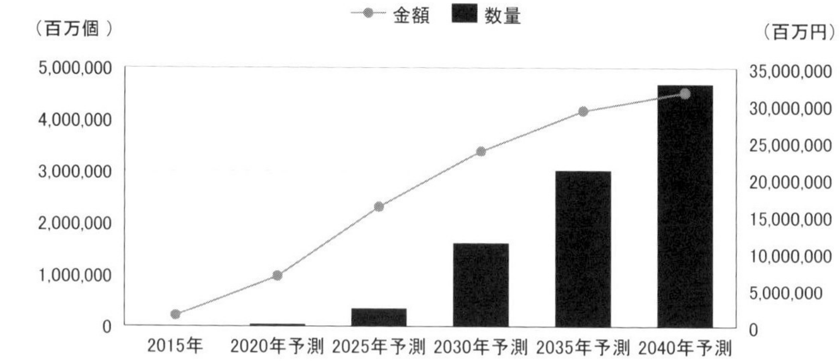

（出所）矢野経済研究所「トリリオン・センサ動向」2017年10月調査　2018年2月15日

1　Hootsuite社調査：Daily Time Spent with Media（2020年、JPN）
2　GAFA：Google、Apple、Facebook、Amazon
3　BAT：Baidu、Alibaba、Tencent

るために、デジタルによって得られたビッグデータを活用してサービスの改善・拡張を速いスピードで押し進めている。製品や UI（ユーザーインターフェース）だけでなく、IT プラットフォームやデータを精緻にデザインし、高度なテクノロジーと組み合わせることで、競争力の高いビジネスモデルを構築している。

これまで日本の産業が世界をリードしてきた主な分野は、ハードウェア・エレクトロニクスの組み合わせ領域が中心であった。一方で、デジタルテクノロジーによって産業界における世界の主戦場は第 4 次産業革命以降のソフトウェア・ネットワーク・サービス・データ・AI の組み合わせ領域に急速にシフトしている。

そして、これらインターネットに接続された製品やサービスにおいては、顧客や社内も含めたユーザーに対してデジタルテクノロジーを駆使した課題解決がビジネスの成功に直接的に影響を及ぼすようになった。

多くの日本企業においても、経営者がデジタル化の必要性を認識し、AI、IoT、ビッグデータといったデジタルテクノロジーを駆使したビジネスの変革、いわゆるデジタルトランスフォーメーションを進めようとしている。

例えば、創業以来の伝統的なモノづくりの企業が、自らを「デジタルソリューションカンパニー」と再定義し、ビジネスモデルの転換や大胆な業務プロセス改革を目指し、デジタル推進部門を設置するといった取り組みである。

そういった状況において、特に国内大企業においてはまだデジタル化による成果はまだ緒についたとも言えない状況である。

一般社団法人　日本情報システム・ユーザー協会（以下 JUAS）と株式会社野村総合研究所（以下 NRI）では共同で 2017 年から毎年「デジタル化の取り組みに関する調査（以下 JUAS-NRI 共同調査）」を、JUAS 会員企業の CIO、IT 部門・業務部門・経営企画部門・デジタル化推進部門の役員・管理職、ならびに情報システム子会社の社長、役員、管理職を対象に実施している。

当該調査によれば、最も解決したい課題に対して、デジタルを活用した取り組みを実施したと回答する企業が増え、少しずつ成果が出始めているものの、その割合はまだ10%程度に過ぎない（図表1-2）。

また、デジタル化の進展に伴って、自社の既存ビジネスの優位性・永続性に「既に影響が出ている」企業が約16%で、前年度（2017年）よりも約7ポイント増加した。回答企業の5割近くが、デジタル化が自社のビジネスに対して何らかの影響が出ていることや将来的に破壊的な影響があるのではなかと考えている。「ある程度の影響がある」という回答結果を含めるとほとんどの企業はデジタル化を意識し、かつ危機意識も存在するという結果であろう（図表1-3）。

そして、既存のビジネスを継続しつつ、新しいビジネスモデルの開拓を検討する企業が71%であり、5社に1社程度は、抜本的なビジネスモデルの変革・創造の必要性を感じている。各企業は確かにデジタル化に向けた歩みを始め、その取り組みが自社のビジネスモデルを大きく変える可能性を強く感じている（図表1-4）。

図表1-2 ▶ デジタルによる成果の状況

まだ10%程度しか成果が出ていない

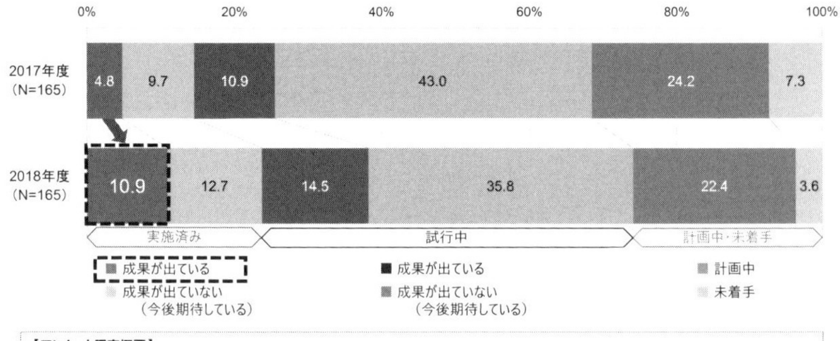

【アンケート調査概要】
調 査 名：デジタル化の取り組みに関する調査
回答期間：2018年12月～2019年1月
対象企業：①日本情報システム・ユーザー協会（JUAS）会員企業のCIO、IT部門・業務部門・経営企画部門・デジタル化推進部門の役員・管理職
②情報システム子会社の社長、役員、管理職
回 収 数：165法人

（出所）JUAS・野村総合研究所共同「デジタル化の取り組みに関する調査」（2019年4月）

一方で、デジタル化に向けた取り組み・アプローチにおいては、「できることから小さく始める」「トライアンドエラー、PoC（Proof of Concept：概念実証）を繰り返す」ことと多くの企業が回答している（図表1-4、1-5）。

PoCを繰り返す等、ある程度の投資や取り組みは行われるものの、デジタルによる新しいビジネスモデルの創造や抜本的な業務プロセス改革にはい

図表 1-3 ▶ デジタル化に対する脅威・機会

デジタル化による既存ビジネスへの影響が懸念されている

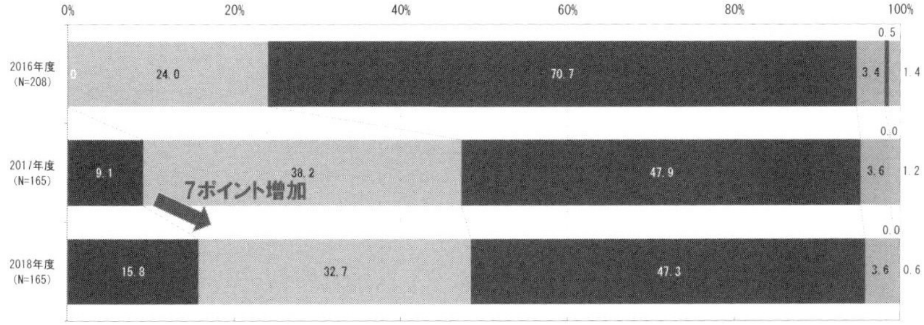

■既に影響が出ている ■破壊的な影響をもたらす可能性がある ■ある程度は影響する可能性がある ■あまり影響があるとは思わない ■全く影響はない ■判断できない、分からない

（出所）JUAS・野村総合研究所共同「デジタル化の取り組みに関する調査」（2019年4月）

図表 1-4 ▶ デジタル化に対する取りくみ姿勢

既存のビジネスモデルを継続しつつ、新しいビジネスモデルを開拓する企業が大半

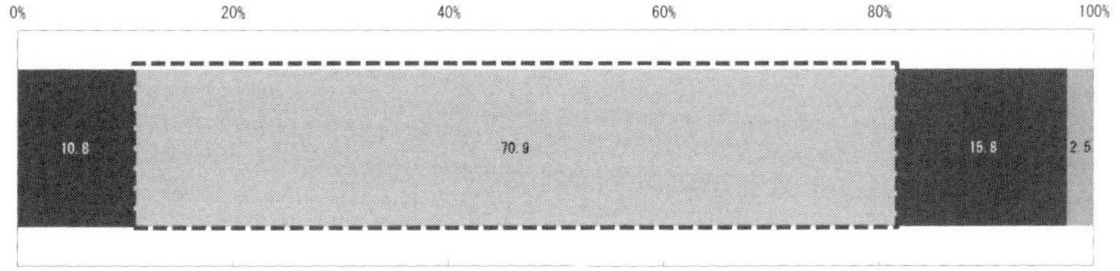

■既存ビジネスにおいて、サービス開発や業務効率化などデジタル化を推進するが、ビジネスモデル自体はこれからもあまり変わらない

■現在のビジネスモデルを継続しつつ、新しいビジネスモデルも開拓する必要がある

■現在のビジネスモデルを抜本的に変革する必要がある（顧客チャネル/サプライチェーンの改革など）

■現在のビジネスとは、全く異なる新しいビジネスを創造する必要がある

（出所）JUAS・野村総合研究所共同「デジタル化の取り組みに関する調査」（2019年4月）

図表 1-5 ▶ デジタル化に向けたアプローチ

トライアンドエラーや出来るところから小さく始めるアプローチをとる企業が多い

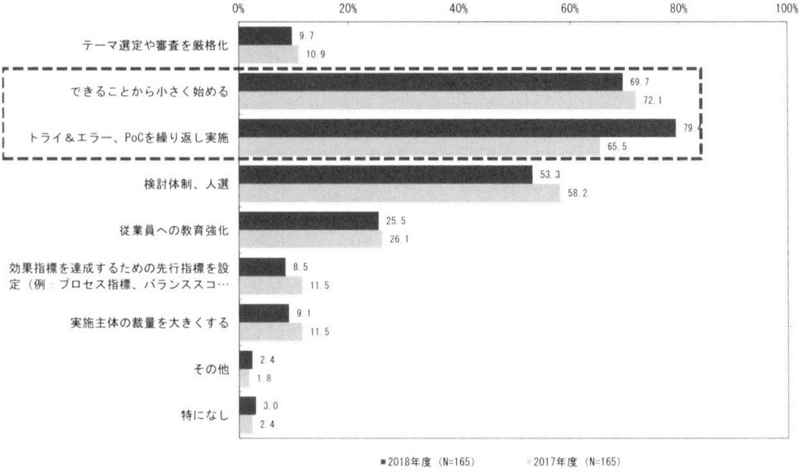

（出所）JUAS・野村総合研究所共同「デジタル化の取り組みに関する調査」（2019 年 4 月）

まだに繋がっていないという状況が本調査結果から見えてくるスナップショットである。

日本発のイノベーションは、世界と比して明らかに周回遅れとなってしまっていると言われるが、そのこととデジタルトランスフォーメーションがいまだ成果を生んでいないことはけっして無関係ではないだろう（図表 1-6）。

2 デジタル化で実現したいこと

企業経営において、「デジタル」という言葉は既にバズワード化している一方、デジタルの定義は必ずしも定まっているとは言いがたい。ちなみに前述した「JUAS-NRI 共同調査」では、デジタルビジネスを以下と定義している。

図表 1-6 ▶ 日米企業のイノベーションの実現度

日米企業のイノベーション実現度には大きな格差が生じている

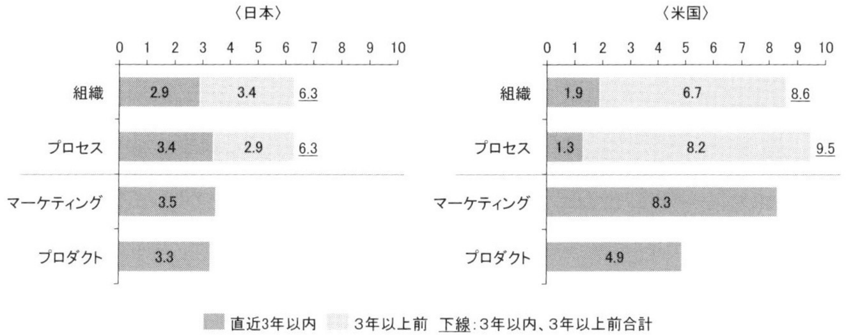

イノベーションの実現数をアンケートにて尋ね4類型それぞれ10 点満点に換算。プロダクト・イノベーションは製品とサービスに分け、それぞれの実現数を確認した（5つ以上の場合は5点に換算）。プロセス・イノベーションは生産工程・配送方法・それらを支援する活動それぞれについて実現有無を確認した。組織イノベーションは企業務慣行（4項目）、職場組織（8項目）、社外関係（8項目）について実現有無を確認した。マーケティング・イノベーションはデザイン・販売経路・販売促進方法・価格設定方法それぞれについて実現有無を確認

（出所）総務省「平成 30 年情報通信白書」「我が国の ICT の現状に関する調査研究」2018 年

図表 1-7 ▶ デジタル化で何を成し遂げたいか

接点強化による顧客満足度向上と業務効率化を目的としている

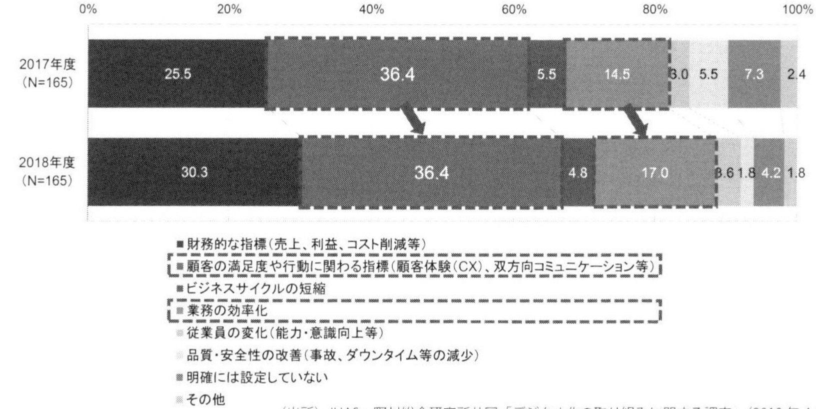

（出所）JUAS・野村総合研究所共同「デジタル化の取り組みに関する調査」（2019 年 4 月）

「ITの進化（AI、IoT、X-tech、RPAなど）によって、様々なヒト・モノ・コトの情報がデジタル的に繋がり、その情報の伝達速度や範囲、加工や分析結果などの利活用によって、新たな商品、新たなサービス、新たなビジネスモデルなどを実現すること」

本調査によれば、各企業がデジタル化によって成し遂げたい具体的な取り組みテーマ（売上や利益、コスト削減といった最終的な財務目標は除く）の第一は「顧客への価値提供に関わる革新」、次に「生産性向上に繋がる業務プロセス改革」である（図表1-7）。

ここでは「デジタル化による顧客への価値提供に関わる革新」を無印良品のオムニチャネルマーケティング、トヨタのサブスクリプションサービスを例にあげて説明する。

■■ デジタル化による顧客への価値提供

株式会社良品計画が運営している無印良品では、スマートフォンアプリ「MUJI passport」を活用してオムニチャネル化を展開している。

オムニチャネル化とは、実店舗、ECサイト、カタログ通販、ソーシャルメディアなどのあらゆるチャネルを統合連携させた状態で顧客に対してアプローチすると同時にシームレスに連携させ、「いつでも、どこでも同じように利用できる」形を作ることで、「顧客にとってより便利で利用しやすいサービスを実現する」ことである。無印良品の場合、顧客がダウンロードしたMUJI passportアプリに搭載されているのは、店舗検索や在庫検索などのユーザーインターフェース機能である（図表1-8）。

特に顧客への価値提供に関わる取り組みが、マイルと呼ばれるポイントを貯められるポイントプログラムである。レジでの会計時にアプリによって表示されるバーコードを読み込むだけで、マイルが付与される。

また、所有しているマイル数に応じて会員ステージがアップし、お買い物で使えるショッピングポイントが付与されたり、誕生日月にショッピングポイントがプレゼントされるなど、アプリ一つで顧客管理と在庫管理、そして

図表 1-8 ▶ 良品計画のオムニチャネル（MUJI passport）

（出所）良品計画社 Web サイト　https://www.muji.com/jp/passport/

図表 1-9 ▶ トヨタ自動車のサブスクリプションサービス（KINTO）

（出所）KINTO 社 Web サイト　https://corp.kinto-jp.com

ファンを作ることまでが一元管理されるという仕組みとなっている。

スマートフォンによって手軽に店舗や在庫検索ができることで自身が実際に手に取って見てみたい商品を近くの店舗に出向いて確認できることが顧客への価値提供であろう。旧来のキャンペーンチラシから、多くの顧客がアプリを通じて新商品や在庫の確認ができると同時に、アプリでポイントを貯めたり使用したりできるほか、実店舗への誘導に繋げようとするものである。

さらに、2019年3月から、アプリを活用し地域とつながる店舗発の情報配信を始めている。スタッフのおすすめや地域の情報、店舗スタッフが自分で使ってみた体験をもとにした生活者視点の記事など、個店ごとに地域に合わせた情報を発信することで、お客様とつながり、結果として店舗への客数増に貢献している。

また、トヨタ自動車株式会社の豊田章男社長は2018年、「トヨタを『自動車をつくる会社』から、『モビリティカンパニー』にモデルチェンジする」と宣言し、それを実行に移す形でトヨタグループ、三井住友フィナンシャルグループ、住友商事の各社によるジョイントベンチャーである株式会社KINTOを立ち上げた（図表1-9)。

KINTOは任意保険を含めたサブスクリプション型のサービスであり定額料金での利用となる。クルマに初めて乗るユーザーなど、保険の等級が低い場合には、クルマを購入して個別に任意保険に加入する場合と比較して安価な料金設定となっているため、設定価格そのものが顧客への価値提供となる。また、ライフステージの変化に応じて気軽に車種を乗り換えられるサービスや、Web画面でレンタカーを予約するのと同じような利便性、3年サイクルで新車に乗れる利点もセグメント化された顧客に対する価値提供となる。

トヨタがKINTOを通じて描くのは、クルマのサブスクリプションサービス化にとどまらず、デジタルを活用した異業種との協業型ビジネスモデルや様々な移動の包含、グローバル展開をも見据えた未来像である。

車両にはDCM[4]と呼ばれる車載専用通信モジュールが標準搭載される予定であり、クルマが走れば走るほど、通信モジュールを通じて走行データが自動的に集まってくるようになっている。そのデータを分析することで、顧客一人ひとりにマッチした安価なサービスを提供できるというものである。

具体的には顧客の運転の安全の度合い、エコ運転の度合いなどを判定し、それに応じたボーナスポイントを還元し、判定はDCMを通してモニターされる仕組みとなっている。そうすることでクルマの使われ方がリアルにわかるようになり、その結果、商品開発にも活かせることになる。将来的には技術開発とデータをシェアして、自動運転の開発にも役立てて行こうという狙いも見据えている。

デジタル化による業務プロセス改革

一方で、「生産性向上に繋がる業務プロセス改革」は企業がデジタルを活用して成し遂げたいもう一つの大きなテーマである。

GAFAやBAT等のグローバルのプラットフォーマーたちは過去のしがらみが一切なく、設立当初よりデジタルを駆使したビジネスモデルが明確にあり、それを所与とした業務プロセスを構築してきた。

また、デジタルプラットフォーマーに限らず、GEやシーメンスといった多くの伝統的グローバル企業が基幹システムとして採用するERP[5]には、そのパッケージ自体にグローバルスタンダードの業務プロセスが組み込まれているため、自社の業務をERPパッケージに合わせることで効率的な業務プロセスを構築しやすい。加えて、標準的なERPパッケージに沿った業務がグローバルでも統一されているために、会社全体の仕事の流れや社員の動きがデータ化しやすかったという背景もある。そうしたデータがビッグデータとして集約され、IoTやAIで活用、一層効率化が進むという好循環を生み出している。

一方、日本の大手企業には脈々と続けてきた既存の仕事のやり方や慣習、

4　DCM：Data Communication Module
5　ERP：Enterprise Resources Planning

図表 1-10 ▶ 2025 年の崖

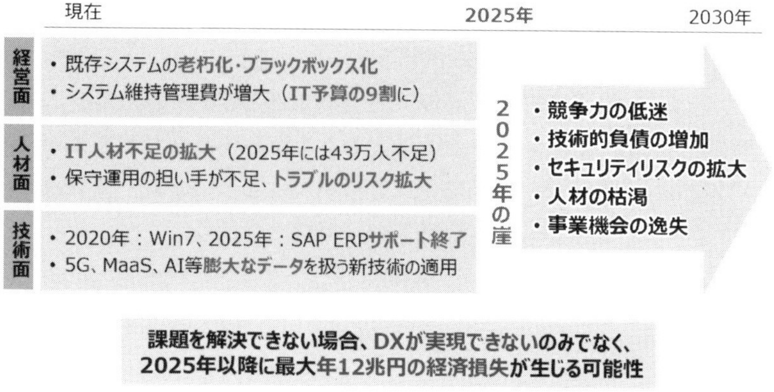

（出所）経済産業省 DX レポート　IT システム「2025 年の崖の克服と DX の本格的展開」2019 年

ビジネスのしがらみが大きく、非効率な面が圧倒的に多く業務プロセス自体、平成はおろか昭和の時代からほとんど変わっていない企業も多く存在する。ERP パッケージを導入しても、結局は自社の旧来的な業務プロセスを変えることができず、必要以上のカスタマイズを行い、旧来業務プロセスとのダブルスタンダードで運用して却って非効率となっていることはめずらしいことではない。

2025 年にかけて基幹システムのサポート切れが次々と起きるいわゆる「2025 年の崖」問題は日本企業の情報システムが抱える象徴的な問題であろう。早くは 70 年代から情報システム化を進めてきたために、当時は最先端であったのかもしれないが企業独自の業務プロセスをベースに堅牢な情報システムを構築した結果、取り換えがきかなくなってしまったという訳である（図表 1-10）。

加えてこれまで主に日本の企業が得意としてきたのは、自部門や自チームにとどまった「目に見える範囲」での「カイゼン」であり、デジタルを活用して抜本的に仕事のやり方を見直す「業務プロセス改革」は元来得意ではない。「自社の良さが失われる」「お客様に迷惑がかかる」といった理由を並べ、

図表 1-11 ▶ **OECD 加盟国の労働生産性上昇率比較（2015 ～ 2018 年平均／ 36 カ国比較）**

生産性向上の「上昇率」においても日本は低位

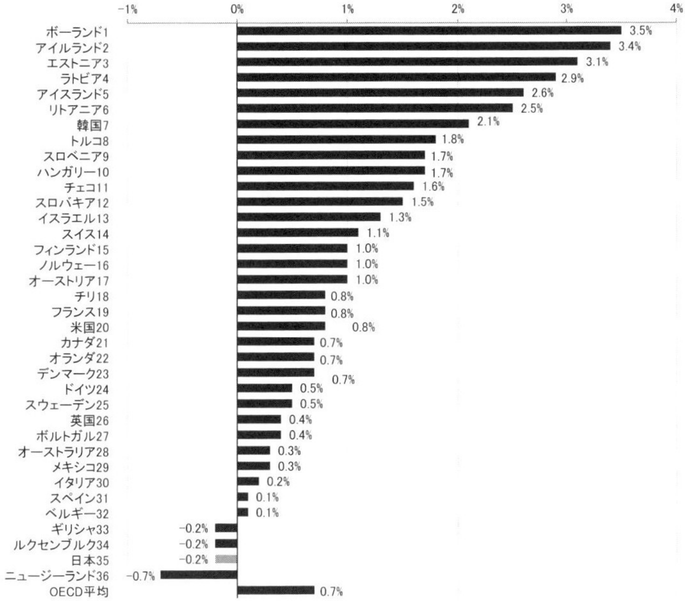

（出所）公益財団法人日本生産性本部「労働生産性の国際比較」2019 年度版

抵抗を繰り返してきたのである。

日本企業がこのような自組織の都合や利害を優先させる「内輪のもめごと」を繰り返す中、デジタル化によって欧米企業との業務効率性の格差はさらに拡大しようとしている。日本生産性本部が実施している「労働生産性の国際比較 2019 年」によると、OECD 加盟国の就業者一人当たりの 2015 年～ 2018 年にかけての実質労働生産性上昇率において日本は 36 カ国中 35 位、OECD 平均で 0.7%に対して、－0.2%という厳しい結果となっている（図表 1-11）。

従来から日本の労働生産性は世界各国と比較して低水準という指摘がされているが、直近においてその伸び率においても大きく劣後していることは、

図表 1-12 ▶ エストニア電子政府概要

99%の行政サービスが電子化されている

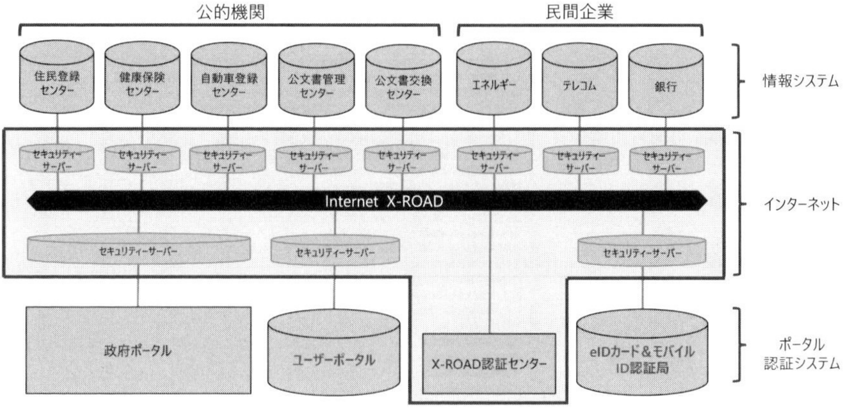

（出所）経済産業省「デジタルプラット フォーム構築事業（官民におけるデータ交換基盤の 構築に向けた調査等事業）」報告書　2018年度　より作成

デジタル化による業務効率化が進んでいないこととも無関係ではないだろう。

ちなみに上位諸国のうち例えばバルト三国のエストニアは、人口約130万人、国土面積4万5000平方キロメートル（北海道の8割程度）と欧州の中でも小国でありながら、最先端の「電子政府」を持つ国として注目を集めている。

エストニアでは、現在99%の行政サービスが電子化されており、行政の効率性、市民の利便性の飛躍的向上に繋がっている。例えば、出生届から育児手当の申請まで、窓口に赴くことなく、「eIDカード」を使用して政府ポータルサイトにログインし、10分で手続きを終えることができるとのことである（図表1-12）。

労働力や資源の限られた小国が、デジタル技術を活用した効率的な行政サービスの運営や民間の新たなサービス創出を通じて国全体の生産性を向上させているのである。

翻って我々日本企業にはもう「内輪のもめごと」に費やす時間・体力も残

図表 1-13 ▶ トヨタ自動車の MaaS 戦略

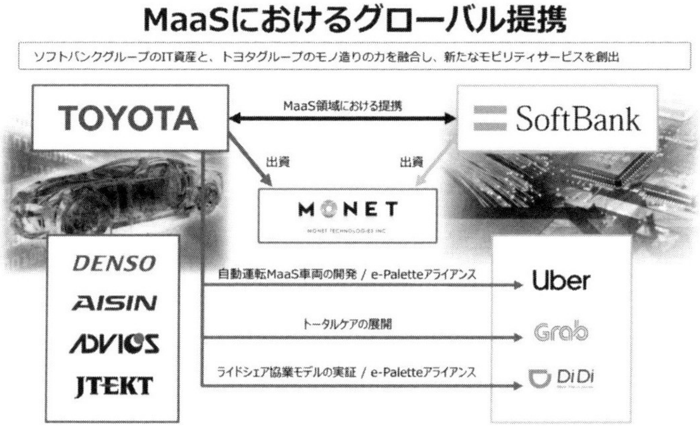

（出所）トヨタ自動車　第三四半期決算資料「トヨタのコネクティッド&MaaS 戦略」2019 年 2 月

されていない。一刻も早く過去とのしがらみから決別し、生産性向上に繋がるためのデジタルを活用した業務プロセス改革を一段と進めるべきである。

3　改革を阻む組織とヒト

デジタル化を経営や事業全体に展開していく上で、伝統的な国内企業内では二つの大きな課題に向き合っている。

一つ目はデジタル化によりビジネスのあり方だけではなく、会社をどう再定義するのかという課題である。トヨタ自動車はCASE[6]と呼ばれる自動車業界の大変革時代において、自らを「モビリティカンパニー」となるべくGoogleやテスラ、国内ではソフトバンクとの業務提携を打ち出した（図表1-13）。

6　CASE：Connected, Autonomous, Shared, Electric

図表 1-14 ▶ レガシーシステムとデジタル化

レガシーシステムの存在が、デジタル化の進展への対応の足かせになっていると感じますか。

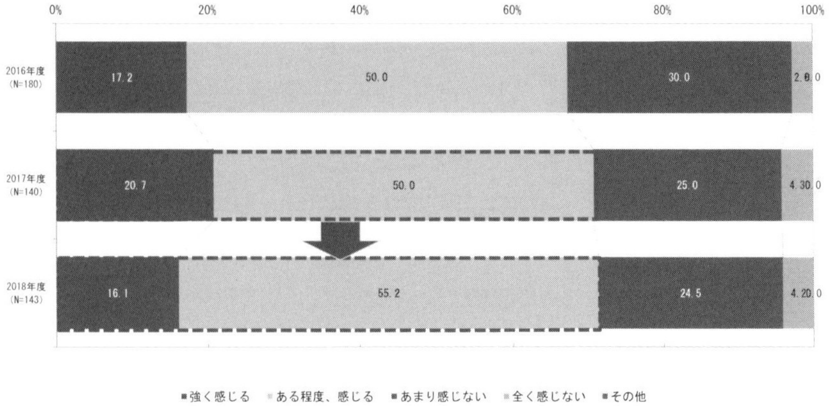

（出所）JUAS・野村総合研究所共同「デジタル化の取り組みに関する調査」（2019年4月）

また、もう一つの課題は既存のITシステムが老朽化・複雑化・ブラックボックス化する中では、新しいデジタル技術を導入したとしてもデータを十分に活用しきれず、データの利活用・連携が限定的であり、その効果も限定的となってしまうというITシステム基盤上の課題である（図表1-14）。

そして上記二つの課題を解決する上で組織とヒトが大きな抵抗勢力となって立ちはだかっている。

会社に限らず、社会に存在するあらゆる組織体には「改革や変革」をはばむ「抵抗勢力」が存在する。ロバート・キーガンとリサ・ラスコウ・レイヒーはその著書『Immunity to Change（邦題「なぜ人と組織は変われないのか」英治出版、2013年）』の中で、どうしてヒトは本当に望んでいる変革を実現できないのかという点について、ヒトには「変革をはばむ免疫機能が存在する」と論じている。

デジタル化はヒトに対して程度の差があるものの、変革への期待と同時に不安や怖れをもたらすものであると言えるが、それを露わにするヒトもいれば、うまく対処し行動を取れるヒトもいる。またうまく対処し行動する場合でも、そのやり方は千差万別である。

デジタルに対する情報格差も存在する上に、個々人の理解力の差、不安や怖れに対する感情コントロールの差、さらには仕事に対する取り組み姿勢の差も存在するからである。

ヒトは程度の差はあるものの、「デジタル化がもたらす変化に自分自身が対応できるだろうか」「デジタル化によって自分自身の仕事や役割の存在意義がなくなってしまうのではないか、仕事自体がなくなってしまうのではないか」といった不安に向き合わざるを得ない。

こうしたヒトが有する「免疫機能」に対して、日本の多くの経営層はその構造を深く理解しようとせず、対応するための具体的な手立てを打とうとしない。

残念ながら経営層自らがデジタルを活用して実現したい目的、ビジョンや夢、情熱といった強烈な動機を持ち合わせていないからであろう。もちろんそうした情熱を有り余るほどの言葉で語り、変革をリードするトップも存在する。が、残念ながらデジタルによって瞬時にゲームチェンジとなる時代において、求められる決断のスピードや変革の幅の大きさに資するリーダーシップを発揮するための経験値が現在の日本企業の経営層には圧倒的に不足している。

具体的な手立てを打とうにも、自分自身にデジタルで新たなビジネスモデルを生み出す、業務プロセスをデジタルで変える、そしてそのための組織やヒトの抵抗を乗り切ったという経験値が乏しい。またその手法を広く他社、他業界、あるいは海外企業から学ぼうという姿勢にも欠けている。

ちなみにNRIが2019年６月に実施した「VUCA時代の経営管理に関するアンケート調査」においても、デジタル化において足かせとなっているのは、リーダーシップの欠如、執行役員を含む経営層の経験値の低さであるとの回答が、全体の６割を超える結果となっている（図表1-15）。

自社にないデジタルの組織能力（ケイパビリティー）は、オープンイノ

図表1-15 ▶ デジタル化に向けたリーダーシップ、専門人材問題

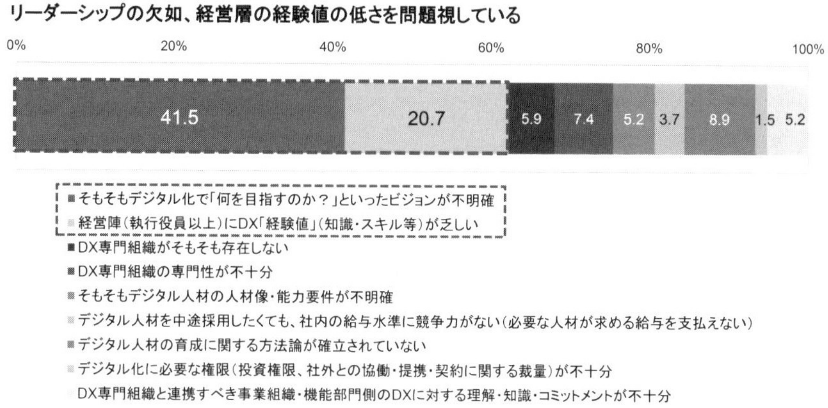

（出所）野村総合研究所「VUCA 時代の経営管理に関するアンケート調査」2019 年

ベーションという形で外部から調達することとデジタルビジネスを創出できる人材や業務プロセスを改革できる人材を外部から積極的に採用、あるいは業務委託という形でリソースを取り込むべきである。

一方で、社内には上記のようにデジタル化をリードする役割の人材ばかりが存在する訳ではない。むしろ多くの人材は、デジタルとは少し距離を置く関係で、会社が進めるデジタルトランスフォーメーションに対して不安を感じながら、その動向を見つめている。

そうした多くの不安を感じるヒトに対しては、デジタル化によるビジネスモデルの刷新や、業務プロセスの改革といった内部環境変化に関して経営層自らが語り掛けると同時に地道な教育活動と啓蒙活動によって無理解、未理解からくる誤解を紐解いていかなければならない。

本当の意味で会社全体としてデジタル化による成果をあげるためには、そうしたヒトの協力やデジタルビジネスへの積極的な関与が必要になってくるからである。

そのための配置・ローテーションを含む学び直しの仕掛け、教育体系の再

図表 1-16 ▶ DXを実現するための人材獲得フレーム

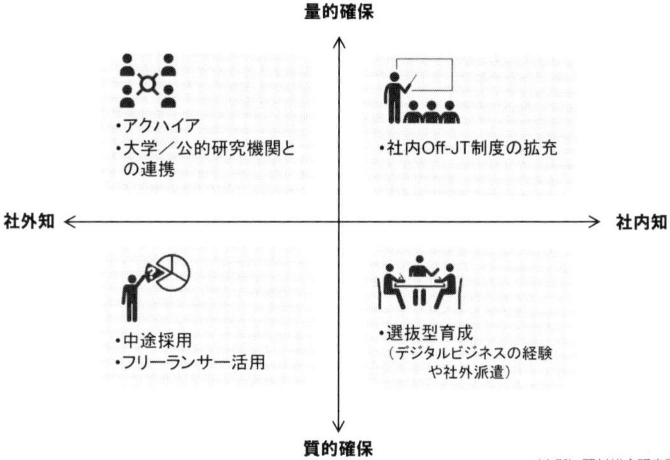

（出所）野村総合研究所

構築、外部人材の積極的な採用、外部パートナー企業や大学等との産学連携、そしてデジタルで事業、経営をリードできるリーダー人材育成のためのキャリアパス整備に一刻も早く着手する必要がある（図表 1-16）。

既存のITシステム基盤の運用、保守に多くの資金や人材が割かれ、新たなデジタル技術を活用するIT投資に十分なリソースを振り向けることができないといった人材リソースのコンフリクト問題も打つ手立ては上記と同様である。

一方でデジタル化をリードするデジタル人材の処遇は旧来的な日本型の人材マネジメントでは難しいといった問題点も指摘されている。次章ではデジタル人材の処遇問題について述べてみたい。

多くの日本企業が組織、ヒトの問題を起因とした抱える障害を乗り越えられない限りは、デジタルを活用して新しいビジネスを生み出し、かつ俊敏に業務プロセスを変革することは困難である（図表 1-17）。

デジタルトランスフォーメーションとは、そのプロセスにおいて生じる

図表 1-17 ▶ 現場で生じるコンフリクト

- ✓ 本当に生産性が上がるのか？
- ✓ 自分たちの仕事がなくなってしまうのでは？
- ✓ なんでもかんでもグローバルスタンダードのやり方でよいのか？
- ✓ AIってブラックボックスでは？
- ✓ クラウドって信頼できるの？

（出所）野村総合研究所

様々なヒトや組織の抵抗や軋轢と向き合い、克服することで組織全体を活性化する企業行動そのものなのである。

第2章

デジタル人材処遇の勘所

1 デジタル人材をめぐる問題意識

今、AIやデータサイエンティストといったデジタル人材をめぐる話題が毎日のように新聞紙上をにぎわせている。

デジタル人材の獲得に向けて高額報酬を提示したり、社内人材のデジタルネイティブ化に向けてIoTやRPA、AIスキルを習得させるための教育体系を再整備したりする企業の動きも加速している。

どうして企業はデジタル人材の獲得に躍起になっているのか。

第1章で述べたように今や経営戦略や事業戦略を実現する上で、デジタルで経営や事業をリードし、支えられる人材の確保はデジタルビジネス推進上のカギであるだけではなく、その成否が企業の存亡に関わると多くの経営者は感じているからである。人材戦略が事業戦略のみならず経営戦略そのものに位置付けられる時代が訪れているのである。

このように人材戦略の位置付けが人事部門の仕事から経営戦略そのものに変化しつつあるのは理由がある。

多くの日本企業は、終身雇用を前提とした新卒一括採用、職務遂行能力（職能）をベースとした相対的に遅めの昇格運用、徐々に報酬が安定的に上昇する一方で、一定年齢を超えてからは逓減する長期決済型の賃金システム、といった日本型人事制度を運用している。そしてその制度運用によって輩出されるいわゆるゼネラリスト人材が企業経営を支えてきた。

企業は入社する新卒社員に対して、定年までの長期雇用を約束する代わりに、そのときどきの会社や組織の都合や事情、すなわち事業の業績の好不調や事業や経営戦略の変更、あるいは定期異動ルールといった理由で社員の担う仕事（職務、職種、勤務場所）を「無制限」に変更してきた。

社員は会社から与えられる様々な仕事を通じて業務知識やスキルを身に付けていくだけではなく、その企業特有の「あうんの呼吸」といった固有知も染み込ませ、ゼネラリストとしての総合的な職務遂行能力を高めることで成長を実感する。そして定期的に訪れる昇進・昇格によってさらに異なる業務へのチャレンジを喚起されると同時に企業に対する忠誠心が強化され、その人材の一部が経営層に登用されていき、企業経営を担うという仕組みである(図表2-1)。

報酬は新卒入社時が最も低く、かつ学歴（高卒、大卒、大学院卒）に応じて一律であり入社後は職務遂行能力の習熟に応じて毎年少しずつ「定期昇給」し、昇進・昇格時には「特別昇給」として相応の報酬アップとなる。報酬のベースはあくまで「総合的な職務遂行能力」であって、経理の仕事をしていても営業の仕事をしていても同じランクで同じ業績評価であれば同じ定期昇給金額というのが一般的な日本企業の処遇体系であり、人材戦略を支えるオペレーションシステム（OS）である。

これまでの人事部門はこのオペレーションシステムを少しずつ時代の要請に応じて手直ししながら、企業の各組織や階層にゼネラリスト人材を安定供給することがミッションであり人事部門の存在意義であった。

図表 2-1 ▶ ゼネラリスト育成を目的とした日本型人材マネジメントモデル

労働市場	•人材流動性が低い(内部労働市場) •企業内の固有スキル重視
人事制度・マネジメント	•新卒一括採用・長期雇用 •年次管理 •相対的に遅めの人材選抜 •ローテーションを含む内部人材育成 •制限の無い担当職務の変更 •人(職務遂行能力)ベースの格付け・賃金システム •社内公平性・長期決済型での賃金水準
人事管理権限	•人事部主導(年次バランスが分かる)

（出所）野村総合研究所

その時代において人事部門のミッションを果たすために必要不可欠なケイパビリティー（組織能力）は「バランス能力」である。

尖った人材よりも会社の組織風土にフィットし、不平を言わず色々な仕事をやってくれそうな人材を採用、組織横断的に全社員の職務遂行能力を把握し、不公平がないように昇進・昇格運用を管理し、事業部門やコーポレート組織からの人員配置、異動といった要望に対して独自の人材情報を駆使しながら大所高所から判断を行う。その際に重要なのは「他社がどうしているか」「過去の自社の人事制度・運用のやり方と照らし合わせて矛盾や齟齬がないか」といった「バランス」を慎重かつ適切にジャッジできる能力である。

ところが、昨今の「デジタル人材」の出現はこうした日本企業の伝統的人材戦略とオペレーションシステム、さらには人事部門のミッションや必要な能力を根底から覆してしまった。

端的に言えば「デジタル人材」は以下の理由から、日本型の人材戦略とオペレーションシステムでは到底管理できないタイプの人材であるからである。

- デジタル人材は専門人材であり、ゼネラリスト型育成は不適合である
- デジタル人材には外部市場価値が存在するため、「長期決済型の賃金システム」は適用しにくい
- デジタル人材は会社都合で異動や職種変更できる「無制限社員」ではない

上記の共通理解を得るためには、そもそも「デジタル人材」とはどのような役割でどのような仕事をする人材なのか、「デジタル人材」はどのような志向性を有していて、従来の「ゼネラリスト型人材」との違いは何か等を明らかにしなければならない。以下、NRI が 2020 年に実施した「ワークモチベーションに関する調査（以下 NRI- ワークモチベーション調査）」結果もご紹介しながら考察を進めていく。

デジタル人材とは

デジタル人材とは端的に表現するならば、主に「デジタルビジネス」に従

図表 2-2 ▶ 主なデジタル人材

ビジネス系 デジタル人材	ビジネスデザイナー	デジタルを活用した新事業の立ち上げ・収益化、業務プロセス改革のグランドデザインを描く
	CX（UX）デザイナー	人間中心設計やデザインアプローチを活用して、ビジネスとお客様の体験価値を結びつける
	データサイエンティスト	各種データ分析、考察、予測モデルから得られたビジネス上の課題を整理・提言する
	ITアーキテクチャー	お客様のビジョンや課題の解決を実現するためのIT企画構想や、システム全体構造をデザインする
	プロジェクトマネージャー	プロジェクト管理者として先端デジタルITソリューションの設計・開発・導入の統括・運営を行う
IT系 デジタル人材	セキュリティーエンジニア	デジタル技術を活用したITソリューション、サービスのセキュリティ確保や開発環境のセキュリティ確保を行う
	アプリケーションエンジニア	新ビジネス開発や既存ビジネスの変革に向けた先端デジタルITソリューションの設計・開発・導入を行う
	ITプラットフォームエンジニア	ITサービスを実現するプロトタイプ開発・実装・リリース・改良等のインフラ設計・構築を行う
	データエンジニア	経営指標の設定、アプリケーションへの機械学習の実装、データ分析基盤・デジタルマーケティング基盤の設計・分析を実施する

（出所）野村総合研究所

事している人材であり、

特にデジタル化を推進する組織においては

ビジネス系デジタル人材とIT系デジタル人材の大きく2区分に分類することが可能である（図表2-2）。

ビジネス系デジタル人材

ビジネス系デジタル人材は、デジタルを活用して顧客接点を強化し、新たなビジネスモデル創出を構想、または社内の業務プロセスをデジタルやITテクノロジーを活用して大幅に効率化する構想を行う人材である。

具体的な職種としては、「ビジネスデザイナー」「CX[1]デザイナー/UX[2]

1　CX：Customer Experience

デザイナー」「データサイエンティスト」「IT アーキテクチャー」等が該当する。

「ビジネスデザイナー」は、当該サービスの対象となる市場や顧客、ユーザーの行動や思考特性に対する深い観察・理解を通じて潜在的価値や隠れたニーズを発見し、その課題解決に向けてデジタルを活用した新規事業の立ち上げを構想、または社内を含むサービスユーザーの業務プロセスをデジタルの力を活用して抜本的に改革を行うための構想策定をするミッションを負う役割または職種である。

「CX デザイナー /UX デザイナー」については、カスタマーエキスペリエンス（CX）という概念から少し説明が必要であろう。もともとは 2000 年くらいから欧米で注目され始めたコンセプトであり、一般的には次のように定義される。

「商品やサービスを購入する過程、利用する過程、その後のサポートの過程における経験的で心理的・感情的な価値[3]」

一言で言えば「徹底的に顧客目線で困りごとを解決していく」という考え方であるが、企業目線、プロダクトアウトではなく徹底的に顧客目線・顧客フォーカスで価値提供をすることである。CX の概念において CX/UX デザイナーはその中心的な役割を負う職種であり、顧客やユーザー体験価値の最大化に向けてそのコンセプトを最適化し、最新の人間中心設計[4]やデザインアプローチを駆使して、企業側（ビジネスサイド）の狙いとターゲットとなる顧客・ユーザー層のインサイトを結びつける概念設計を行う役割または職種である。

「データサイエンティスト」はビジネスモデルや業務プロセス改革の構想時において統計手法や AI 技術を駆使して各種データ分析や予測モデルから

2　UX：User Experience

3　田中達雄『CX戦略』東洋経済新報社、2018年

4　人間中心設計：製品やサービス・ウェブサイト・アプリなどを開発する際に、プロダクトを使用するユーザーの使いやすさを中心において設計する考え方

得られる定量的な結果を考察し、課題や問題を整理、提言する役割または職種である。

「IT アーキテクチャー」は一言でいえば、経営課題解決やビジョン実現のための IT 企画構想や業務オペレーションでの最適技術・最適開発技法の選択やシステム全体構造をデザインする役割または職種であるが、こちらはデジタル時代到来以前から IT テクノロジーを活用した経営課題の解決構想を担う中心的な役割として位置付けられている。

IT 系デジタル人材

もう一方の IT 系デジタル人材は、構想された新しいビジネスモデルや業務プロセス構想をデジタルや最新のテクノロジーを活用して仕組みを動かすための基盤となる情報システムやアプリケーションの設計・構築、更にはデジタルサービス運用に関する IT プラットフォームの運用を担う人材である。

具体的な職種としては、「プロジェクトマネージャー」「アプリケーションエンジニア」「セキュリティエンジニア」「プラットフォームエンジニア」「データエンジニア」等である。

「プロジェクトマネージャー」はデジタル技術を活用した新ビジネス開発や既存ビジネスの変革に向けた先端デジタル IT ソリューションの設計・開発・導入を行う役割または職種である。開発プロセスにおいて要件定義、設計、開発、テスト、リリースまで一連の工程を推進し、その業務はシステム開発における見積り、提案、顧客折衝、品質管理、進捗管理、収支管理、要員管理、課題管理、リスク管理等、多岐にわたる要の役割である。

「アプリケーションエンジニア」は主としてフロント系システムのシステム企画、アプリケーション設計・開発・導入を行う役割または職種であり、プロジェクトマネージャーの下で EC、デジタルマーケティングシステムや CRM システム等についてクラウドサービスを駆使して設計から導入までを担当する。

「セキュリティエンジニア」は IT ソリューション、サービス開発時におけるセキュリティ確保や開発環境のセキュリティ確保を行う役割または職種である。AI、データアナリティクス、ブロックチェーン、IoT等のテクノロジーを活用した新しいサービス開発時のセキュリティレビュー、セキュア設計や開発環境、プロダクトライフサイクルにおけるセキュリティポリシーの構築とシステム構築等を担当する。

「プラットフォームエンジニア」はデザインされたITサービスを実現するプロトタイプ開発から参画をし、実装、リリース、改良等において高効率でセキュアなクラウドインフラの設計、構築と運用を行う役割または職種である。

「データエンジニア」はデジタルビジネス開発や既存ビジネスのデジタルトランスフォーメーションをデータ分析基盤やデジタルマーケティング基盤の設計、構築面を通じてサポートする役割または職種である。

■■ デジタル人材の特性考察

デジタル人材の獲得に向けて高額の報酬を提示したり、大学や大学院でAIやデータサイエンスを学んだ新卒人材を特別処遇枠で採用したりといったデジタル人材の獲得に向けての争奪戦はまさに「War for Talent」の様相を呈してきている。

デジタル人材には外部市場価値が存在することと、非デジタル人材と比較すると流動性（離職率）が高いために、高額報酬による採用、株式型報酬によるリテンションが話題になりやすいが、これらのデジタル人材は何に惹きつけられ、どのような要素に対してモチベーションを感じるのだろうか。彼ら・彼女らのワークモチベーションの源泉はどこにあるのだろうか。

デジタル人材に対する人材戦略を検討する上では非デジタル人材と比較してどのような違いがあるのかを深く理解する必要がある。NRIでは2020年2月に実施した「ワークモチベーション調査」の結果から、これまで一般的に言われていたモチベーションの源泉が必ずしも適切に理解されていないという事実が明らかになった。

早速、その調査結果を考察し人材戦略への示唆を紹介したい。

デジタル人材の全体傾向

本調査はWebアンケート形式にてデジタル人材（デジタルビジネスに直接的に関与している社会人)、非デジタル人材（上記以外）に対して、ワークモチベーションに関する回答を得た（図表2-3)。回答者の主な属性は図表2-4の通りである。

モチベーションの源泉については、まずは主要領域に関して回答を選択、続いて各主要領域について複数の選択肢を示して、さらに詳細なモチベーションの源泉（以下モチベーションファクターと称する）を尋ねた。主要領域とは以下の5領域である。

A）経営理念・ビジョン等に関する共感

B）組織風土・マネジメントスタイル等に関する共感

C）給与等の労働条件の魅力

D）職場の労働環境（物理的な働きやすさ）

E）やりたい仕事（スキルアップ・成長に繋がる仕事）ができること

デジタル人材全体と非デジタル人材全体では、上記5つのモチベーションの源泉の中でのトップは共に「給与等の労働条件」であり、「職場の労働環境」「やりたい仕事ができること」と続く順位については同様の傾向を示した。

一方で「経営理念・ビジョン等に関する共感」や「組織風土・マネジメントスタイル等に関する共感」については、相対的にはデジタル・非デジタル双方の人材から下位に位置付けられたもののデジタル人材の回答率が非デジタル人材の回答率を大きく上回る結果となった（図表2-5)。

デジタル人材の獲得やリテンションにおいて、近年話題になっているのは年齢に限らずスキル次第では高額な外部市場価値の存在である。大学や大学院においてAIやデータサイエンスを学んだ学生には、新卒社員であっても1,000万円以上の初任給を提示する企業も今やめずらしくなくなった。

しかしながら、例えば東京大学でAIを学んだ学生が新興スタートアップ企業に就職する例も増加しており、報酬だけでは新卒学生を惹きつけることもできなくなってきている。報酬に関しても、新興スタートアップであって

図表2-3 ▶ 野村総合研究所ワークモチベーション調査　調査概要

- 調査名：ワークモチベーション調査
- 実施期間：2020年2月5日　～　2020年2月18日
- 調査委託先：株式会社マクロミル
- 調査対象：満18歳以上の有職者で、現在デジタルビジネス（※）に従事している／従事していない　男女個人

  （※）デジタルビジネス

  ITテクノロジー（IT、AI、IoT、X-tech等）によって、様々なヒト・モノ・コトの情報がデジタル的につなげると共に、その情報の伝達や加工、分析結果などの利活用によって新たな商品、新たなサービス、新たなビジネスモデル、業務プロセス改革などを実現するビジネス全般
- 調査手法：インターネット調査
- 有効回答者数：2,060人（デジタル人材1,030人、非デジタル人材1,030人）
  - デジタル人材：主としてデジタルビジネスに従事している人材
  - 非デジタル人材：主としてデジタルビジネス以外に従事している人材

図表2-4 ▶ 回答者属性

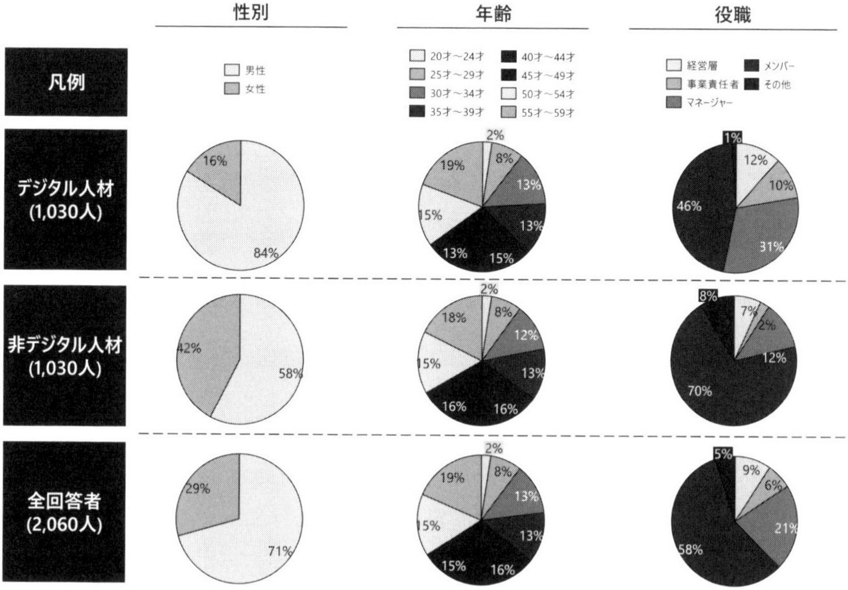

（出所）野村総合研究所「ワークモチベーション調査」2020年

も大手企業やベンチャーキャピタルからの投資資金がこうした人材の獲得資金に回っており、報酬のみを前面に打ち出した人材獲得戦略は通じなくなりつつある。

本調査において確認できたのは、デジタル・非デジタル人材共に給与等の労働条件、そしてやりたい仕事ができることはワークモチベーション向上の前提条件となるという通説に加えて、デジタル人材に関しては経営理念やビジョンが自らの価値観に合致するかといった点や、その企業や組織の組織風土やマネジメントスタイルのあり方がワークモチベーションに一定の影響を及ぼすといった点である。

企業の上位概念やマネジメントスタイルをどのように社内のデジタル人材に対して打ち出していくかが、人材マネジメント上重要な課題となることを意味する。評価や処遇ならまだしもこうした課題に関して自社としてどうすべきかを、人事部門に委ね、任せておいてもよい課題ではない。まさにこの問題は経営として取り組むべき課題と言える。

図表 2-5 ▶ モチベーションの源泉

デジタル人材は相対的に給与等の労働条件への回答率が低く、理念・ビジョンやマネジメントスタイルが高い

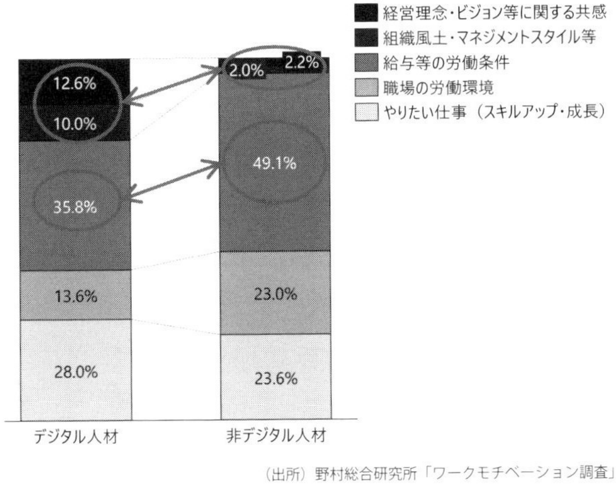

（出所）野村総合研究所「ワークモチベーション調査」2020年

ポジションや立場によって異なるワークモチベーション

本調査においては、同じデジタル人材についても組織内のポジション・階層によるワークモチベーションの違いがないかについても考察している。

その結果、デジタル人材の中でも、経営層や事業責任者クラスにあたる上位階層はさらに経営理念、ビジョン等や組織風土・マネジメントスタイル等を重視する傾向が強いことがわかった（図表2-6）。

この結果は極めて当たり前のように見える。経営や事業の責任を負っている立場の人材であれば当然に自身のミッションを果たす上で経営理念やビジョンに対する共感や組織風土・マネジメントスタイルに対する一定程度の理解や納得感が前提となるからである。

しかしながら本調査において、非デジタルの経営層、事業責任者層についても源泉となるワークモチベーションは何かという投げかけをしているが、

図表2-6 ▶ モチベーションの源泉　ポジション別の傾向

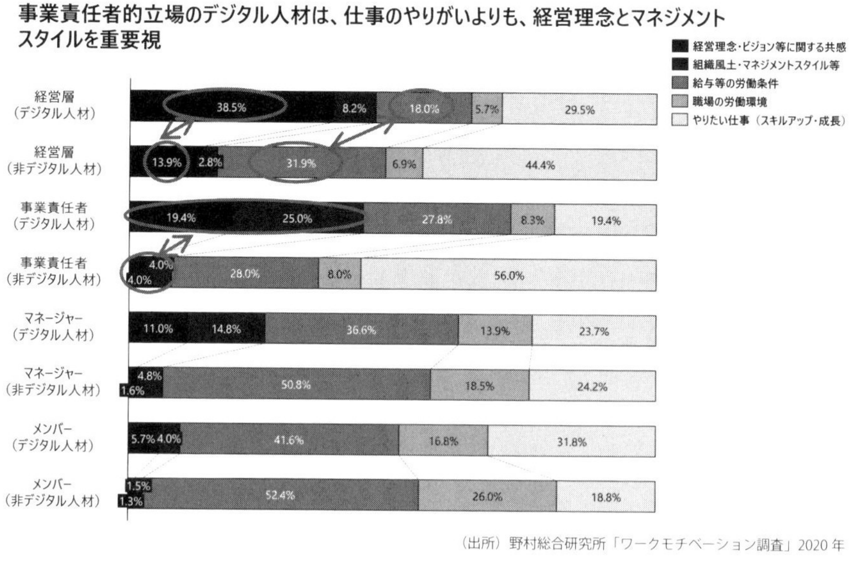

（出所）野村総合研究所「ワークモチベーション調査」2020年

回答の上位は「やりたい仕事」や「給与等の労働条件」という回答結果であった。例えばデジタル人材の経営層は上位概念（経営理念・ビジョン等）に対する共感重視が38.5%に対して非デジタル人材の経営層は13.9%、逆にデジタル人材の給与等の労働条件に対する共感重視が18.0%に対して非デジタルの経営層は31.9%といった具合である。

この傾向は経営層に限らず、事業責任者層においても類似の傾向となった。

こうしたデジタル人材、非デジタル人材のワークモチベーション格差は上位階層ほど拡大する傾向が確認された。昨今、日本に限らず人材マネジメントの取り組みの一つとして社員のエンゲージメント強化の動きが見られる。本調査結果は、一般社員やミドルマネジメント層に限らず経営層や事業責任者クラスにおいてもデジタル系、非デジタル系のそれぞれが異なるワークモチベーションを有することを示した。

これを踏まえると、デジタル人材に関しては単に管理職向け、一般社員向けという施策区分ではなくきめ細かなメッシュを切って人事・人材施策を展開していくことの必要性を示唆していると言える。

デジタル人材が共感する経営理念、ビジョン

本調査では、「経営理念、ビジョン」をさらに「事業の社会的意義」「先進・革新性」「お客様満足」「社員に対する配慮」の各モチベーションファクターに分解して志向性を深掘りした。

意外にもデジタル人材が共感する上位概念の内容には大きな偏りがなく4つのモチベーションファクターに対して、ほぼ等しく20～30%内に回答率が収れんする結果となった（図表2-7）。ちなみにその傾向は年代による格差は存在しなかった（図表2-8）。

一方で非デジタル人材は実に半数以上（55.4%）が「社員に対する配慮」を上位概念に掲げる会社・組織に対して共感すると回答しているのに対して、デジタル人材の回答率は4分の1（25.7%）に過ぎない。

また非デジタル人材との比較において、「事業の先進性・革新性」と「お

図表 2-7 ▶ 共感する経営理念・ビジョンの内訳

デジタル人材は上位概念の重視内容間に偏りがなく、価値観が多様化
非デジタル人材は過半以上が「社員に対する配慮」に関連する上位概念に共感

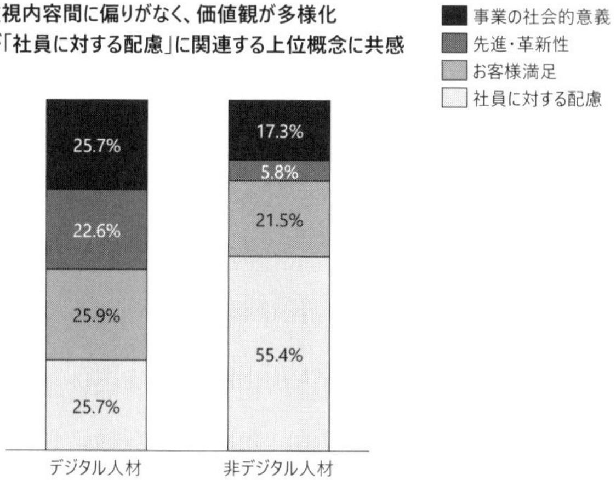

（出所）野村総合研究所「ワークモチベーション調査」2020 年

図表 2-8 ▶ 共感する経営理念・ビジョン×年代別

年齢による格差は存在しない

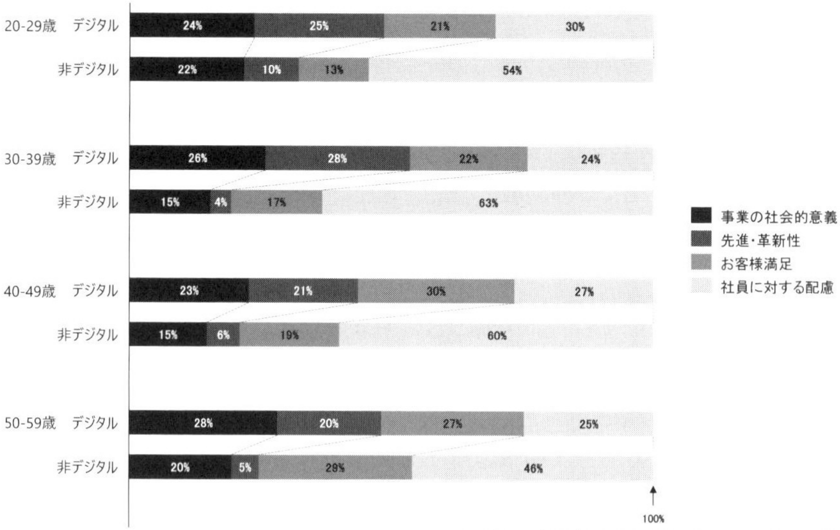

（出所）野村総合研究所「ワークモチベーション調査」2020 年

客様満足」について、デジタル人材が重視する傾向が強いという結果となっており、最先端のITテクノロジーを活用して世の中に革新をもたらす会社・組織に対する興味・関心の高さや、デジタルを活用してお客様やサービス・プロダクトユーザーの課題解決を実現するというデジタルビジネスならではのミッションに対して大きな共感を得ていると言えよう。

所属組織による格差

会社組織内においてデジタル人材が所属する組織は、概ね以下の通り3カ所である。

a. デジタル化の特命ミッションを負う「デジタルビジネス推進部門」

デジタルを活用して新規ビジネスの創出や、社内の業務プロセス改革の推進を期待される部門

b. ITインフラや社内IT、情報基盤を担う「情報・システム部門」

社内のITインフラの維持・管理、事業の現場やコーポレート部門にて活用されるITシステムのセキュリティ管理、ITガバナンスを担う部門

c. 事業部門やコーポレート部門等の「現場」

事業部門やコーポレート部門といったビジネスの現場

本調査では大きな傾向として、「現場」に所属するデジタル人材と「デジタルビジネス推進部門」「情報・システム部門」所属の人材ではワークモチベーションの源泉が大きく異なることが明らかになった。

現場所属のデジタル人材は「スキルアップや成長に繋がるようなやりたい仕事ができる」が最も回答率が高い一方で、「デジタルビジネス推進部門」と「情報・システム部門」に所属するデジタル人材は、共に「給与等の労働条件」が最も回答率が高い（図表2-9）。

そして「デジタルビジネス推進部門」と「情報・システム部門」に所属するデジタル人材では、共に「給与等の労働条件」を重視するものの、さらに深掘りしてみると両者には傾向の違いが存在する。具体的には「デジタルビジネス推進部門」に所属するデジタル人材は「外部市場価値に見合った報酬

図表2-9 ▶ デジタル人材の所属別ワークモチベーション

同じデジタル人材でも所属する組織によって傾向が異なる

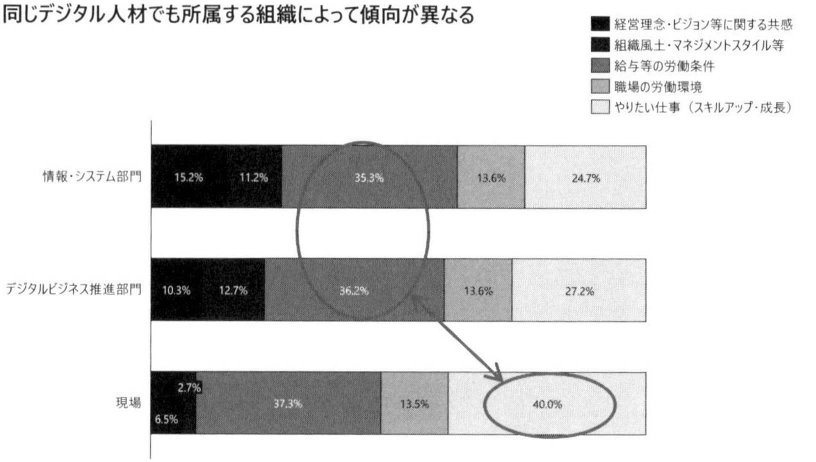

（出所）野村総合研究所「ワークモチベーション調査」2020年

水準」を重視する一方、「情報・システム部門」に所属するデジタル人材は外部市場価値と同程度で「安定的な雇用」を回答する傾向が強いというものである（図表2-10）。

特に「デジタルビジネス推進部門」は、デジタルを活用して新たなビジネスモデルを生み出し収益化、あるいは社内の業務プロセスを変革して生産性を向上させるといった結果を期待されている部署であり、デジタルトランスフォーメーションの要として各社とも新規に組織やCDO[5]を設置し、全社デジタル化を推進するシンボリックな組織として、特にAIやデータサイエンティストを中心に外部からの人材確保も積極的に実施している状況である。

そのような背景から、当該部署で働くデジタル人材は外部からの中途採用者も比較的多く、また企業としての採用意欲が最も旺盛な組織であるために様々な形で外部労働市場価値を意識した採用条件や処遇検討が模索されてい

5　CDO：Chief Digital Officer

図表 2-10 ▶ 給与等労働条件の内訳（所属別）

デジタル推進部門に所属するデジタル人材は市場価値を意識する傾向が強い

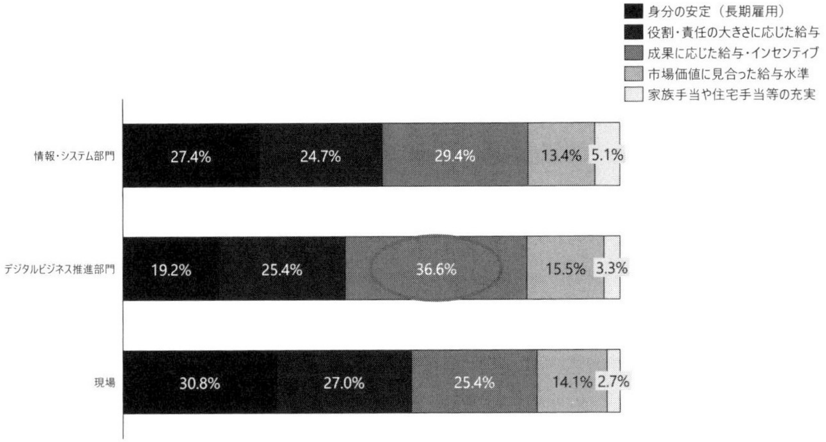

（出所）野村総合研究所「ワークモチベーション調査」2020 年

る可能性が高い。結果として「デジタルビジネス推進部門」で働くデジタル人材は、外部労働市場価値を強く意識する傾向になっていると想定される。

他方、「情報・システム部門」のデジタル人材は外部労働市場価値と同レベルで「安定的な雇用（長期雇用）」をモチベーションファクターとしてあげている。企業によって「情報・システム部門」の位置付けは異なるものの、デジタル化においてはデジタル推進組織や現場組織が「フロント系」IT 回りを担い、「情報・システム部門」はいわゆる「基幹システム（バック系）」の保守・運用、基幹システム改訂回りを組織としてのミッションを担うケースが多い。

もちろん「情報・システム部門」で働くデジタル人材にも外部労働市場価値が存在するが、業務特性上比較的「長期的な視点でのシステム・デジタル構想」や、単体だけではなく「企業グループ全体の IT ガバナンス」といった長期タームかつ高い視座から会社に貢献する職種特性であることから、給与に関しても短期的な成果や外部労働市場価値といったモチベーションファクター以上に、長期間にわたる「安定的な処遇」に対する関心が高いと解釈できるのではないだろうか。

ビジネス系デジタル人材は上位概念重視

一言でデジタル人材と称しても、業務特性上様々な職種が存在するが、その職種によってワークモチベーションにも違いが存在する。本調査では9職種に整理した職種属性で調査を実施しているが、9職種のうちビジネスデザイナー、CX/UXデザイナー、ITアーキテクチャーの3職種を「ビジネス系デジタル人材」、アプリケーションエンジニア、ITプラットフォームエンジニア、セキュリティエンジニアを「IT系デジタル人材」にクラスター化し、考察を行った（図表2-11、2-12）。

ビジネス系デジタル人材は「経営理念・ビジョン等に関する共感」や「組織風土・マネジメントスタイル等」を重視する傾向が強い一方で、IT系デジタル人材は総じて当該2項目に対する回答率は低位である。ビジネスデザ

図表2-11 ▶ 職種別デジタル人材のモチベーション

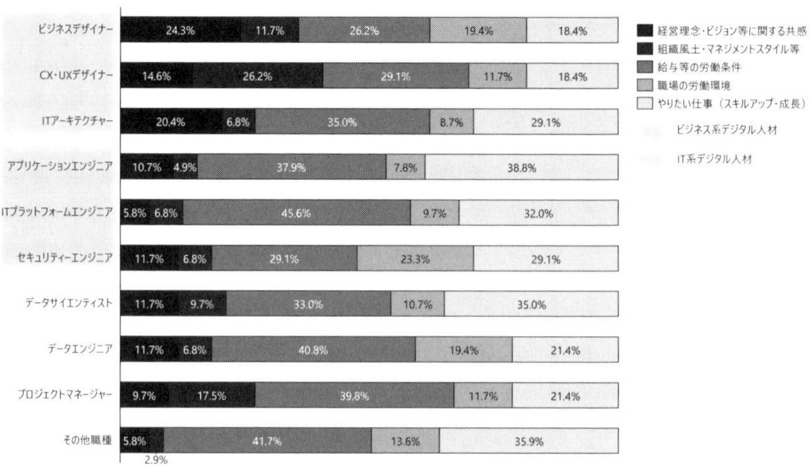

（出所）野村総合研究所「ワークモチベーション調査」2020年

イナー人材やITアーキテクチャー人材といったビジネス系デジタル人材はビジネスモデル開発や「企業のあり方」そのものをデジタルを活用してデザインする役割、または職種であり、自身のミッションと所属する会社組織の上位概念の合致度を重視するのではないかと想定される。

一方IT系デジタル人材はビジネス系デジタル人材と比較して、「やりたい仕事」に対する回答率が高い傾向が明らかとなった。アプリケーションエンジニアやITプラットフォームエンジニアといったIT系デジタル人材は、その仕事そのものに興味や面白さを感じており、また自身がスキルアップできる仕事を志向している。当該職種はビジネスデザイナーやITアーキテクチャーらが考えたビジネスモデルや業務プロセスを見直すシステム構想を踏まえてIT活用によるITシステム基盤やアプリケーション開発を行う実行部隊であることから、所属する会社組織の上位概念を意識するというよりも「自らが作り出すプロダクトそのもの」や「仕事を通じた自身の成長」に対する関心が高まりやすいのではないかと想定される。

図表2-12 ▶ デジタル人材の人材タイプ別モチベーション

同じデジタル人材でも特にビジネス系デジタル人材に上位概念・マネジメントスタイルを重視する傾向が強い

ビジネス系デジタル人材：ビジネスデザイナー、CX・UXデザイナー、ITアーキテクチャ
IT系デジタル人材：アプリケーションエンジニア、ITプラットフォームエンジニア、セキュリティーエンジニア

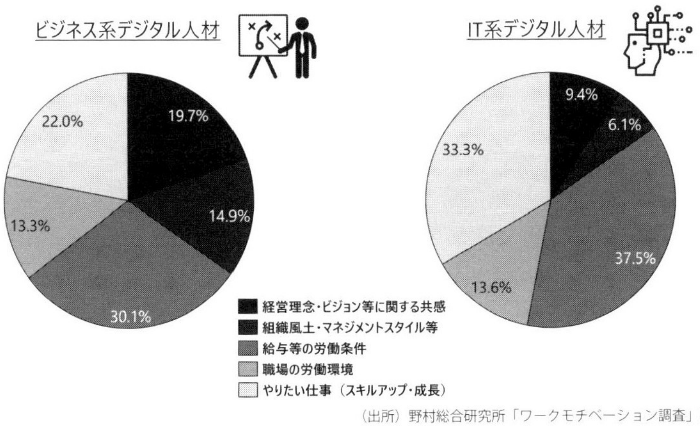

（出所）野村総合研究所「ワークモチベーション調査」2020年

他国 IT 職種人材との比較

ここでデジタル人材の処遇や仕事に対する満足度に関して、経済産業省が2017 年に公表した「IT 人材に関する各国比較調査　報告資料」から、日本と他国との違いを考察してみたい。

日本国内の IT 関連職種の人気は相対的に低い傾向があり、また優秀な IT人材が他国と比較して不足しているため、採用しにくいとの指摘がしばしば行われる。また、処遇の高さややりがいのある仕事に就ける可能性の高さから国内ではなく海外の IT 企業に就職・転職する IT 人材もめずらしくなくなってきている。

本稿で論じている「デジタル人材」と「経済産業省調査における IT 職種人材」は必ずしも完全一致しないが、プロジェクトマネージャーやプラットフォームエンジニアといったアプリケーションやシステム開発系人材については同義であるため、デジタル人材の国際比較のための参考とすることは可能である。

まずは就きたい職種としての訴求状況であるが、本調査において対象他国（インドネシア、インド、米国、タイ、ベトナム、中国、韓国）と比較すると、日本のみがポジティブな回答が半数を大幅に下回っていることがわかる（図表 2-13）。

次に国内 IT 関連職の年収水準（絶対額）と他の全産業の平均年収との比較（相対感）から考察を加えると興味深い示唆が得られる。

例えば IT 先進国である米国と日本の IT 人材の平均年収には 2 倍近くの差があり、また調査対象国の国内他産業の年収水準と IT 人材の平均年収を比較すると、米国やインドでは大きな差がある。言い換えれば、特に米国では IT 職は絶対的な報酬水準が高いだけではなく、他産業の職種と比較しても自国内にて高い報酬を得ているということである（図表 2-14）。

一方で、日本や韓国では国内他産業の平均年収と IT 人材の平均年収にそれほどの差がない。すなわち米国と比較すると米国のような IT 先進国と比

図表 2-13 ▶ IT 人材処遇に関する各国調査　IT 職種の人気度

日本のみがIT職種への就業意識に関するポジティブ回答が少ない

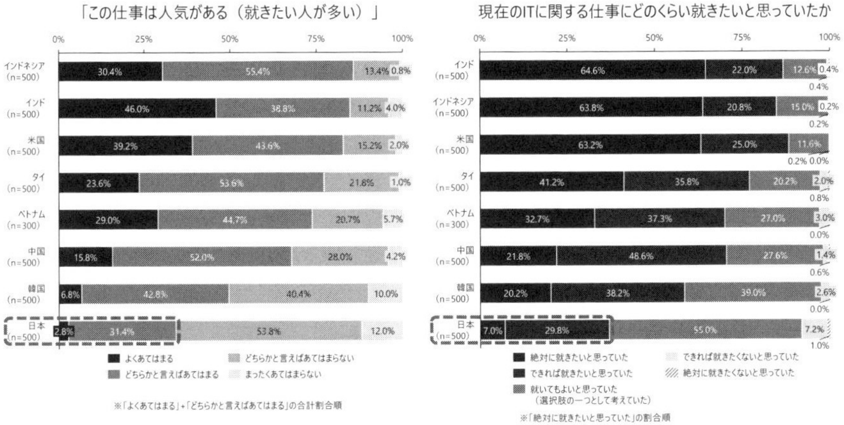

（出所）経済産業省「IT 人材に関する各国比較調査 報告資料」2016 年

図表 2-14 ▶ IT 人材処遇に関する各国調査　IT 関連職種と全産業の平均年収比較

米国やインドでは、全産業の年収平均よりもIT人材の年収平均がはるかに高い

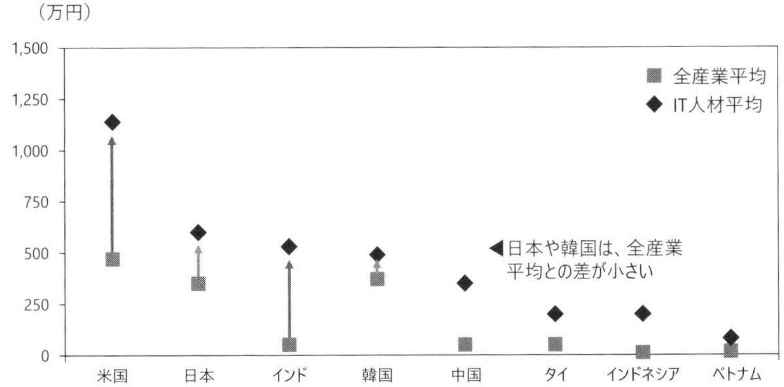

※全産業平均は、総務省統計局「世界の統計2016」の「男女別平均賃金」を利用

（出所）経済産業省「IT 人材に関する各国比較調査 報告資料」2016 年

図表2-15 ▶ IT人材処遇に関する各国調査　処遇水準と満足度

日本と韓国は国内他産業とIT職種で年収に大きな格差がなく、満足度も相対的に低い

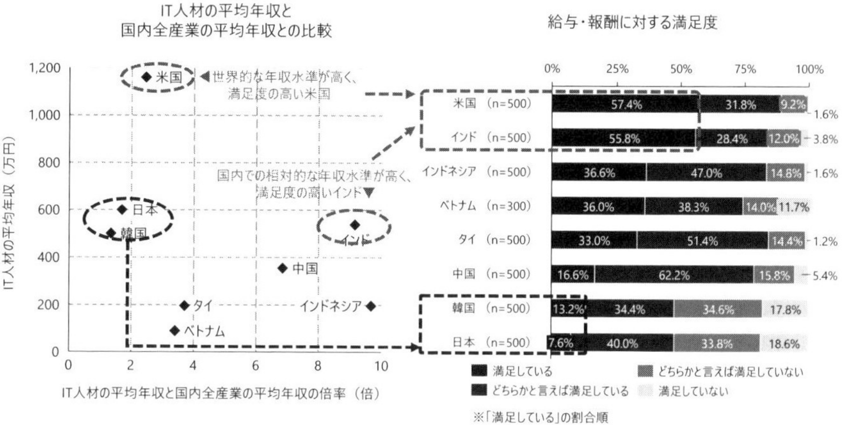

（出所）経済産業省「IT人材に関する各国比較調査 報告資料」2016年

較して年収が低いだけではなく、他産業の職種と比較しても報酬水準面に関する魅力度は低いという実態が確認できる。

本調査ではさらに各国のIT職の相対的な年収水準とIT人材の報酬に対する満足度の関係を分析している（図表2-15）。

まず、平均年収の水準が突出して高い米国のほかインドにおいて、報酬に対する満足度が極めて高い結果となっている。インドのIT人材は、平均年収が日本や韓国などの先進国と同水準であり、かつ、国内での相対的な年収水準が非常に高いという特徴を有する。

またIT職種の年収水準の絶対額は日本や韓国などよりも低いものの、国内他産業と比較した際の相対的な年収水準が高いインドネシア、中国、タイ、ベトナムは、米国やインドに続く満足度となっている。

これに対して、年収水準はインドネシア、中国、タイ、ベトナムよりは高いものの、国内他産業と比較した際の相対的な年収水準がそれほど高くない（国内他産業と大きな差がない）日本と韓国は、報酬に対する満足度が低い

(「(どちらかと言えば) 満足している」が半数を下回る) という結果が出ている。

近年、データサイエンティストやAIエンジニアといったデジタル人材だけではなく、デジタルビジネスに関連するIT人材の国内における外部労働市場価値が上昇している。例えば、NECではAIやデータサイエンスなど先端技術の研究実績に応じ新卒や若手技術者に1,000万円を支払う制度を導入している[6]。このように、国内IT・デジタル人材の報酬水準が各国と比較して低いという上記の考察結果は、多少改善されている可能性があるものの、国内企業がIT職種全体の報酬水準を抜本的に見直ししたケースはまだレアケースであると想定されるため、国内IT職種人材は諸各国と比較して、やりがい・報酬双方の面から適切に動機づけされているとは言い難い状況にあると言える。

このことに関連する調査結果として、「自分の仕事の成果に対する評価」に対する満足度を見ると、どちらかと言えば満足しているという肯定的な回答が調査対象国で唯一日本が50％未達という結果となっている。これはすなわち「日本型人材マネジメントモデル」がIT職種人材にはマッチしていないということを意味する (図表2-16)。

ちなみに日本と米国のIT人材の絶対数は4倍の格差がついてしまっている。国内のIT人材は十分にモチベートされていないだけではなく、ボリューム的にも不足している状況と言える (図表2-17)。

■■ 現場の管理職が意識すべきこと

特に「デジタルビジネス推進部門」においては、多くの伝統的日本企業が採用するピラミッド型組織構造ではなく、フラットかつネットワーク型の組織構造で業務はプロジェクト的に運営されるケースも多い。

デジタルビジネスは既存の技術やサービス、業務を定常的に維持・運用し

6 「IT人材争奪戦 (1) 年収3000万円の衝撃 (迫真)」『日本経済新聞』2019年11月5日

図表 2-16 ▶ IT 人材処遇に関する各国調査　仕事の評価に対する満足度

日本のみが自身の仕事に対するIT人材の満足度が50%を下回っている

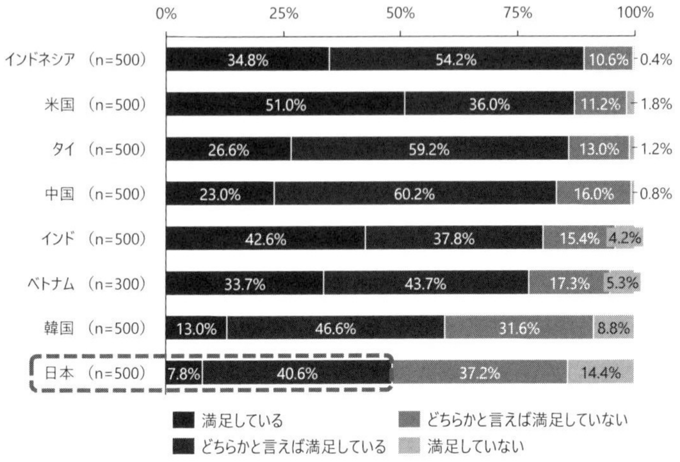

※「満足している」+「どちらかと言えば満足している」の合計割合順

（出所）経済産業省「IT 人材に関する各国比較調査 報告資料」2016 年

図表 2-17 ▶ 日本と米国の情報処理・通信に関わる ICT 人材数

日米のIT人材の絶対数は4倍の格差がついてしまった

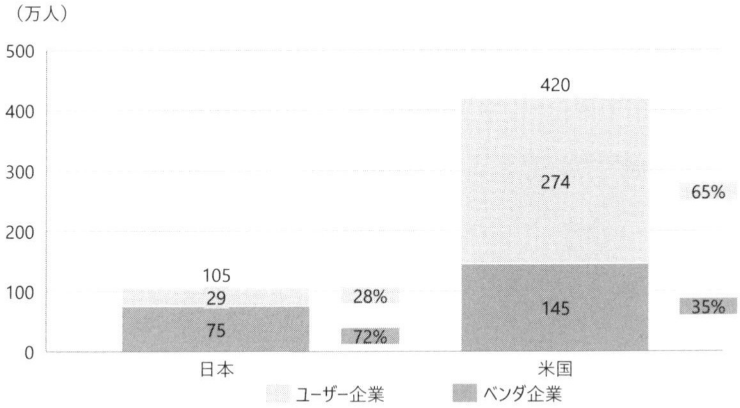

（出所）総務省「平成 30 年情報通信白書」「我が国の ICT の現状に関する調査研究」2018 年

ミスなく運用するための多重階層型で機能別の組織運営とは異なり、まだ存在していないまったく新しい技術・製品・サービス、そして業務プロセスを創出することがミッションである。そのためにプロアクティブでスピーディーに対応するために最適な組織運営がフィットしやすくなる（図表2-18）。

「デジタルビジネス推進部門」において組織を束ねる立場の管理職は組織運営のスタイルをプロアクティブでアジャイル型に転換する必要があると同時に、デジタル人材のモチベーション構造を理解したマネジメントスタイルに転換していく必要がある。

前述したように一言でデジタル人材と言ってもその職種、役割機能は多種多様である。しかしながら、デジタル人材共通のワークモチベーションとして、所属する企業や組織の理念、ビジョンに対する共感度が非デジタル人材と比較して大きいという特徴が確認できており、組織を束ね、けん引する立場の管理職はその点を強く意識することが必要である。

「デジタルビジネス推進部門」の管理職は激しい環境変化に対してプロアクティブに対応できる組織運営を前提としているが、組織構成員であるデジタル人材に対しては常に自組織がどのような価値観の下、どんなゴールを目

図表2-18 ▶ デジタルビジネス推進部門の組織構造

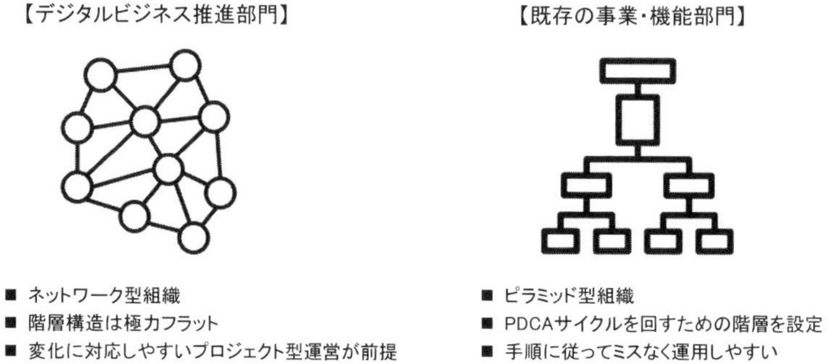

（出所）野村総合研究所

指すのかを示し続ける必要がある。

もう一つ重要な視点として、同じデジタル人材であっても所属する組織によってワークモチベーションが異なる点である。

会社組織内においてデジタル人材が活躍する場所は、「デジタルビジネス推進部門」だけではなく、「情報・システム部門」や、さらには「現場」の事業部門やコーポレート機能部門に所属してデジタル化を推進するデジタル人材もいる。

今回の調査においては所属する組織の立ち位置によってデジタル人材のワークモチベーションに違いがあることが明らかになった。例えば「情報・システム部門」でプロジェクトマネジメントを行っていた管理職が、「デジタルビジネス推進部門」に異動して、同様にプロジェクトマネジメントを行う際に同じスタイルでプロジェクトメンバーをマネジメントしようとすると齟齬が生じる可能性がある。

「デジタル人材には外部労働市場価値が存在するため、報酬面での動機づけに配慮すべきである」という通説は否定されたわけではないが、報酬面以外のモチベーション要因が所属や、職種、ポジションといった属性によって相当の違いがあることを管理職は留意すべきである。

次節では日本型人事制度とIT職を含むデジタル人材の人材特性との親和性を考察し、具体的にどこにミスマッチが生じているかを考察する。

2 日本型人事制度とデジタル人材

人事制度の大別

最初に企業の人事制度の型（タイプ）を「報酬支給の根拠（何に対して報酬を支払うか）」と「前提とする人材流動性」という２軸で整理してみたい。

報酬をヒトの能力に支払うか、それともヒトが担っている職務・仕事に支払うかでは、人材マネジメントの思想が大きく異なる。能力は認められてもポスト（≒職務・仕事）がなくなって違うポストについたとすると、ヒトに支払うタイプならば能力自体は変わらないので処遇は同じになるが、職務・仕事に支払うタイプであれば違うポストについた瞬間に異なる処遇（上がるか下がるか）になることがある。

また高い人材流動性を前提とした制度は、必然的に外部労働市場での報酬水準を意識するなど、社内よりも外部でどのように評価されるかも重視する人材マネジメントになるが、低い人材流動性が前提なら、社内でどう評価されるかを重視する人材マネジメントになる。こちらもまったく異なる人材マネジメントのスタイルとなる。

象限的には４区分で整理され得るが、実態として明確に区分可能なのは３タイプである（図表2-19）。

図表2-19 ▶ 人材マネジメントモデルの３類型

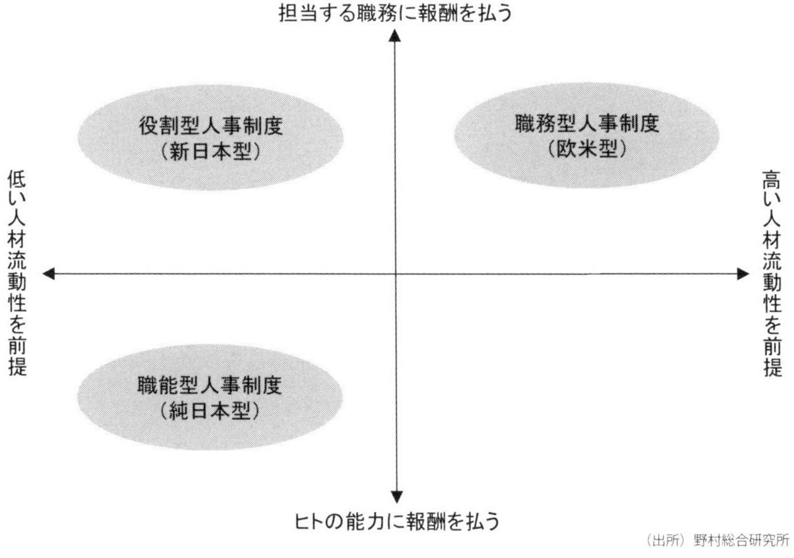

（出所）野村総合研究所

職能型人事制度（純日本型人材マネジメント）

一人ひとりの報酬はヒトの保有または発揮する職務遂行能力の大きさに基づいて決定するというものであり、多くの国内企業で運用してきた人事制度である。

新卒一括で採用し、定年までの終身雇用を前提に異動、ローテーションによって様々な仕事を経験させ、会社の価値観、組織風土をしみ込ませ、中長期的な視点で職務遂行能力の開発を図り、「当該会社固有のゼネラリスト」として育成していく。

会社固有の振る舞いや暗黙知について、様々な職務経験を様々な上司の下でOJTを中心に身に付けさせ、それをまた後進へと伝承させることで安定的な組織運営を可能にする。

社員に求める職務遂行能力レベルはキャリアのステージごとに異なり、資格等級（ランク）ごとに「職務遂行能力要件（職能要件・基準）」として明記され、会社（人事部）はヒトの能力発揮の状況を踏まえて、能力レベルを査定し、上位の「職務遂行能力要件」を満たしていると判断すれば、昇格（格付けが上位に変更）となる。

総合的な職務遂行能力は、本来可視化しにくいものであるが、人事部門が社員一人ひとりの職務遂行能力を社内市場価値や組織間・入社年次間のバランスを踏まえながら評価・査定することで公平性を担保する。

したがって、ヒトの職務遂行能力を社内的な相対感を重視して決定することとなるため、報酬水準は基本的には市場水準をそれほど意識せずに企業としての支払い能力や社員リテンション、労働組合との協議等を踏まえて設計される。また全社員の人事情報を知らない所属長が部下の報酬決定の判断を行うことが難しいため、必然的に全社員の人事情報を集約している人事部門に処遇決定の権限を集中させることになりやすい。

かつて日本の多くの企業の人事部門は社内的に絶大な権力を誇っていたが、それは職務遂行能力という基準で社員を格付けして処遇していた純日本型人材マネジメントの仕組みと無縁ではない。

図表2-20 ▶ 職能型、役割型、職務型の違い

	職能型人事制度	役割型人事制度	職務型人事制度
概要	・各人が保有・発揮している職務遂行能力に対して等級格付けを行い、給与を支給する ・中長期的な視点でゼネラリストとして人材を育成	・各人が果たす役割・責任の大きさに対して等級格付けを行い、給与を支給する ・役割・責任の大きさは個人特有の経験や職務遂行能力も勘案する	・会社（所属長）と合意した職務内容の責任範囲、業務難易度に対して等級格付けを行い、給与を支給する ・一定程度の人材流動性が前提となる制度
社員にとって	・長期的な身分保障と経済面での安定的な処遇が得られる	・自身の能力開発、担う仕事の役割・責任の大きさを意識する	・特定職務・業務の専門家としてのキャリア形成となる ・実力と意欲次第でチャレンジングな職務を担える
会社にとって	・会社の組織風土、価値観を理解したゼネラリストを育成でき、安定的な組織運営がしやすい	・人件費管理を考慮しやすく、職務遂行能力の向上も意識させやすい	・社外の人材マーケットから人材調達しやすい ・人件費管理がしやすい

（出所）野村総合研究所

勤続年数とともに賃金が徐々に上昇する本制度下では、長期勤続を促進することとなるため社員の流動性は低く、社員にとっては基本的に一つの会社で会社人生を過ごすことになる。そのためある意味では、社員は人生設計を描きやすく、身分（雇用）と経済面での安心感を持ちやすいことで高い定着率とロイヤリティーの醸成という効果をもたらす（図表2-20）。

職務型人事制度（欧米型人材マネジメント）

一人ひとりの報酬は会社（人事部門ではなく現場の上司）と合意した職務内容に基づいて決定するというものである。

職務内容はいわゆる「ジョブディスクリプション（職務定義書）」に明記され、会社（上司）は職務・成果責任や業務の難易度、必要に応じて外部市場価値に基づいてヒトが担う「職務」を社内の等級（グレード）に格付けする。ベース報酬は格付けに応じて決まり、上位のポジションに任用されるか、職務・成果の責任や業務の難易度がより大きくなり、上位の等級（グレー

ド）に上がらない限りは原則変更が生じない。

欧米企業の人事処遇の考え方であり、日本国内に展開する外資系企業や、日本に本社がある企業でも業種・業界的に人材流動性の高い業界、例えば製薬業界や金融（証券業、投資顧問等）において広く採用されている人事制度である。高い人材流動性（外部労働市場の存在）を前提とした人事制度であるため、報酬水準は当該職種やポジションの外部市場価値を強く意識しながら設定される。

職能型人事制度と異なり、新卒一括採用、異動、定期ローテーションといったキャリア形成ではなく、基本はある職種・業務の専門家としてのキャリア形成となる。例えば、社内の経理部門でキャリアをスタートさせたとすれば、経理部門内での担当業務を少しずつ広げていき、やがて資金調達、コーポレートファイナンス、あるいは本社、支社、海外拠点での経理・財務を経験して専門能力を広げ、高めていくといったキャリア形成となる。

もちろん、専門領域を広げるために異なる職種にチャレンジすることもあり得るが、その場合には、報酬が減少することもあり得る。職務型人事制度では、担当する業務の職務・成果責任や業務の難易度、外部市場価値に基づいて処遇が決定するため、新しく担当するポジションの格付けがそれまでの担当業務の格付けよりも低くなれば必然的にベース報酬部分も低くなる。「イスに値段が付く」理屈で処遇が決定するのが職務型人事制度なのである。

例えば十分な経験を積んで、ヒトが知識やスキル、問題解決能力といった職務遂行能力を向上させて上位ポストを担える状況になったとしても、現任者がいてそのポストが空かなければ当然任用されないし、任されている職務が変わらない限りは処遇も基本的に変わらない。

そうした場合、本人は社外にステップアップを求めて転身を図るか、先ほど紹介したように、思い切って違う職務にチャレンジするか、あるいは上位ポストが空くまでじっと待つかといった選択を迫られることになる。

また「イスの値段」であることから、他社や世の中の同様のポジションでの処遇水準との比較がしやすいことから、「自分の外部市場価値はどれくらいか」「どのようなスキルを身に付ければ自分の外部市場価値を上げられるか」に意識が向きやすくなる。

他方、職能型人事制度下の社員と比較すると生涯一社という選択よりも、通常はキャリアアップをするために転職することがむしろ自然で一般的であるため、身分（雇用）と経済面での安心感、安定感は持ちにくい制度と言える。

また職能型人事制度の年功型賃金とは違って、実力と意欲さえあれば年齢は度外視してチャレンジングな職務を担える機会もつかみ取れる可能性がある。そのためのスキルアップ、能力開発は会社も支援するものの、最終的には自己責任で行うというのが多くの職務型人事制度を採用している会社の考え方である。

ポジションや職務の等級格付けを行う権限は、人事部門ではなく上司・所属長側に存在することが多い。そのポジションの難易度や成果を出すために必要なスキル、責任の大きさに基づいて格付けを行うため、それらの情報を把握している現場の上司（所属長）でないと判定ができないからである。したがって、職務型人事制度を採用する企業では、人事権限が人事部門ではなく現場にシフトする傾向が強くなる。

役割型人事制度（新日本型人材マネジメント）

シンプルに言うと、職務型人事制度と職能型人事制度の中間に位置付けられる人事制度である。職務型人事制度は欧米型そのもので、自社には合わないが、ヒトではなくイスに対して報酬を支払っていきたいと考える企業が採用する傾向が強いようである。

一人ひとりの報酬が会社（上司）と合意した職務・成果責任や業務の難易度に基づいて決定するのは職務型人事制度と同様であるが、多くのケースでは当該職務の外部市場価値は勘案されない。

なぜならば、処遇決定の根拠となる「職務・成果責任」にはヒト特有の経験や職務遂行能力も考慮されるため、当該業務の外部市場価値との比較が難しいからである。

例えば、経理マネージャーのポジションは職務型人事制度ではその等級が一義的に決まり、誰がやってもそのポジションの等級は同じであるが、役割型人事制度では、例えば経理マネージャーに任用されるヒトの経験、職務遂行能力に基づいて期待される役割や成果が異なるという考え方であるために、担当するヒトによって当該経理マネージャーの等級が異なる可能性があるという制度である。

言い換えれば外部市場価値よりも社内市場価値、さらには職務内容には明記されない「ヒトの経験や保有能力を基に期待する個別の役割」も勘案されることで上位のポジションに任用されなくても、そのヒトに対する期待役割が高まれば上位の等級に格付けすることもできる仕組みである。

国内企業において、「当社は担っている職務の大きさをベースに処遇している」と自ら位置付けている企業のうち、職務型人事制度は比較的少数派であり、多くは役割型人事制度を採用しているのではないか。

日本企業が職務型ではなく、役割型人事制度を採用している理由としては、国内では人材マーケットが未発達である職種が依然多いことに加え、多くの企業では比較的長期にわたって雇用が継続するという事情があげられる。一方職務型人事制度では基本的にポストに空席が生じるか、組織拡大に伴って新たなポストが新設されないと候補者が任用されるチャンスが生じないし、ポストが空いても必ずしも内部登用とは限らず、高い人材流動性を背景に社外からの人材調達が行われる。

職務型人事制度の特徴である出入りの激しい人材管理と日本特有の雇用慣行である長期雇用がマッチしにくいため、結果として職務型人事制度に職能型人事制度の要素を掛け合わせた（良いところ取りをした）役割型人事制度が採用されるという流れである。

現在外資系企業の多くが職務型人事制度を採用する一方、日本企業の多くは職能型人事制度を採用している。また日本企業で職務または役割型を採用するケースもその適用は管理職クラスが中心となっている（図表2-21）。

図表 2-21 ▶ 日系と外資系企業における役割・職務型制度の導入傾向

多くの日系企業では職能型人事制度を採用している

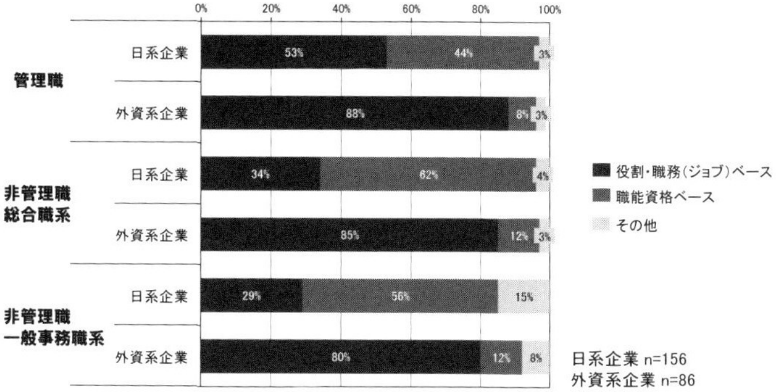

（出所）経済産業省　産業経済研究委託事業「職務の明確化とそれを前提とした公正な評価手法の導入状況に関する調査　報告書」2017年度

（報告書内の出所）マーサージャパン「役割・職務に基づく人材マネジメント調査」2017年

既に機能不全化している純日本型人材マネジメントモデル

では現行国内で採用されている３区分の人材マネジメントモデルと、デジタル人材の人材マネジメントとの親和性はどうだろうか。

2017年、通信関連デバイスをコア事業とする中国系グローバル企業の日本法人であるファーウェイ・ジャパンが日本国内の新卒ITエンジニア候補学生に対して学士卒初任給40万1000円、修士卒で43万円を提示して採用活動を展開した[7]。

当時こうした動きはめずらしかった。ところが2019年にはソニー、NEC、富士通といった国内総合電機メーカーやシステムインテグレーターといった業種において、大学、大学院でAIやデータ、高度ITを学んだ学生に対して他の一般学生とは異なる年収水準を提示して採用を始める動きが増加した(図表2-22)。

7　「賃金革命（1）　中国発『40万円ショック』（迫真）」『日本経済新聞』2018年５月18日朝刊

今後は、IT 職種や製品開発・設計エンジニア、金融業種を中心として、年齢やキャリアに関係なくスキルや職務（ジョブ）に対して処遇する人材マネジメント手法が急速に広がるだろう。

また、一般社団法人 日本経済団体連合会（経団連）は 2020 年の「経営労

図表 2-22 ▶ デジタル人材に対する特別処遇事例

	企業	対応内容
初任給	ソニー	AI人材など年間給与最大2割増で約730万円へ
	ファーストリテイリング	初任給を約2割引き上げて25万5,000円に
	NEC	研究実績に応じて新入社員にも約1,000万円支給可能に
高度人材	LINE	高度人材の初年度最低年俸を約200万円増額
	ヤフー	通常より年俸が5割高い高度人材の採用枠を新設
	東芝	AI人材などの雇用制度を新設
	富士通	上位の専門人材に年収2,500～3,500万円を支給可能に

（出所）各社プレスリリース、新聞報道より作成

図表 2-23 ▶ 経団連「経営労働政策特別委員会報告」

（出所）「2020 年版経営労働政策特別委員会報告（経労委報告）」2020 年 1 月

働政策特別委員会報告」において賃金引上げに加えて、年功型賃金や終身雇用制度の見直しを重点課題として打ち出した。その背景には従来型の人材マネジメントモデルでは経済のデジタル化等に対応できないとの強い危機感がある（図表2-23）。

同報告書内では中途採用や通年採用も拡大するほか、職務に応じて賃金に格差を設定する等、成果をより重視した昇給制度を設けることを提起している。従来型の終身雇用とともに予め担う職務を明確にする「ジョブ型雇用」も増やすべきだとしており、AIシステムの開発者といった高度な知識を持つ人材がジョブ型雇用の対象になるとしている。

経団連による提案は明らかにデジタル人材の処遇を意識したものであり、その指針は現在の日本型雇用制度のままでは魅力を示せず、ITやデジタル人材の海外への流出リスクが非常に高まっているとの深い懸念を現したものである。

ただし経団連が示す「ジョブ型雇用」については、長期雇用を前提としてほとんどの日本企業が採用する「メンバーシップ型雇用」と比較すると一般的には雇用保障の度合いが下がるとされているものの、「『欧米型』のように特定の仕事・業務やポストが不要となった場合に雇用自体がなくなるものではない」[8]としており、メンバーシップ型雇用の要素も一部取り入れられたものとなっている（図表2-24）。

かつて社員の一律・平等的な人事諸制度の枠組みを見直すことについては、人事部門が提案しても労働組合側からの強い反発を招き、結果として実現することは稀であった。

一方で深刻な人材不足で労働の売り手市場が恒常化し、かつ経済のデジタル化で企業の収益環境が急速に変化している状況に対して、労働組合側が強い懸念を持つこともレアケースではなくなっている。こうした状況を労使双方が共有した上で、定期昇給の原資を一律平等配分するのではなく戦略的な

8　2020年版経営労働政策特別委員会報告

図表 2-24 ▶ メンバーシップ型雇用の主な特徴

① 学校を新たに卒業した学生等の一括採用

② 定年までの長期・終身雇用を前提に、企業に所属するメンバー（社員）として採用した後、職務を限定せず社内で様々な仕事を担当させながら成長を促す人材育成プロセス

③ 勤続年数や職務経験を重ねるに伴って職務遂行能力（職能）も向上するとの前提で毎年昇給する年功型賃金

（出所）「2020 年版経営労働政策特別委員会報告（経労委報告 2020 年 1 月）」より作成

配分を行うことに対して、労働組合が積極的な姿勢に転じる等の例も増えてきている。

「年齢や勤続年数に関係なく学んできたスキルやジョブに対して報酬をオファーする」といった従来の新卒一括採用、終身雇用、年功型賃金という純日本型人材マネジメントモデルの抜本的な見直しは、日本企業の人事制度を職務型（欧米型）へ転換し加速させる可能性がある。

実は日本企業は過去、人材戦略の変革を迫られた局面に何度か直面している。それは企業内 IT 人材問題である。

日本の大手企業内の IT 人材が所属する組織には 3 つのパターンがある。「親会社情報システム部門に所属する IT 人材」「親会社の事業部門またはコーポレート部門の現場に所属する IT 人材」および「グループ内情報システム子会社に在籍する IT 人材」である。また、親会社情報システム部門では、グループ全体の IT 構想、IT 投資計画管理、IT 統制、そして個別のシステム開発案件の進捗管理を行うことが多い。

一方グループ内情報システム子会社では個別のシステム開発案件に関する設計（概要設計→詳細設計→テスト→システム移行）をグループ外の IT ベンダー、システムインテグレーターに外注しながら実施を行うケースが多い。

また、現場に所属する IT 人材は、ユーザー部門の一員として日常の IT システムの保守・管理をユーザー目線から行うと同時にシステム開発が行われる際には、事業部門や機能組織内の業務プロセスを整理し、システム要件

図表 2-25 ▶ 企業内 IT 人材の所在

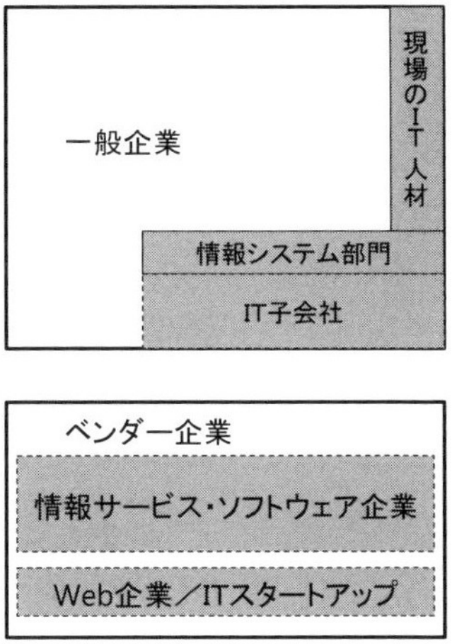

（出所）野村総合研究所

を策定する支援を実施している（図表 2-25）。

経営戦略や事業戦略を実現できるかは当該企業の IT 戦略の構想力、実行力、運用力次第といっても過言ではない。企業内 IT 人材は本来その重要なミッションを負う立場であったが、多くの日本企業は「外部 IT ベンダーやシステムインテグレーターへの外注化戦略」を採用しているのが実情であろう。

各企業が外注化戦略を取らざるを得なかった背景としては、以下があげられる。

- IT 職を志向する人材はユーザー企業ではなく IT ベンダーに就職希望
- 入社母体は新卒学生が中心
- 「総合職」の名の下に IT 専門職として採用することが困難
- 企業内における IT 部門のヒエラルキーの低さ

そのことによって、企業内 IT 人材は質量両面で強化されることなく今日に至っている。

IT 人材に限定して社内に専用の職務型人事制度を導入するということは

現実的に難しい。そこですべての職種を職務型にするほど外部労働市場が成熟していない環境において、企業内IT人材の質量強化問題は先送りされたのである。

しかし、デジタル時代の到来でこうした環境や経営判断のあり方は大きく変わろうとしている。

IT子会社の処遇水準を親会社並みに引き上げて、親会社のデジタルトランスフォーメーションを推進するための機能強化を図っている例も出てきている。

デジタル化に本気で取り組んでいる企業は、今やグループ内IT子会社を含めた企業内IT部門の強化を進め、デジタルの力で自社のビジネスモデルを変革し果実を得ようとしている。また、事業部門といった現場に所属するIT人材、デジタル人材も活躍の幅が広がっており、実際に近年ITベンダーから企業内IT部門やユーザー部門のIT職に転職をする動きが拡大している。ユーザー企業内におけるIT人材の重要性が一層増しており、中途採用による即戦力人材調達意欲が旺盛になってきたためである（図表2-26）。

図表2-26 ▶ IT人材の移動状況（ユーザー企業に転職したIT人材の直前勤務先）

近年はIT企業からユーザー企業へのIT人材移動が増加している

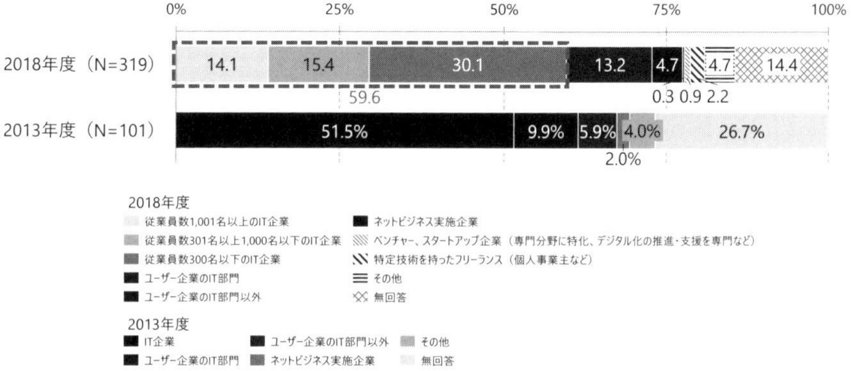

（出所）独立行政法人情報処理推進機構「IT人材白書2019年概要」2019年

国内の各企業はこの動向を的確につかみ取り、ITやデジタルに関わる人材戦略の再構築を行うべきである。デジタル人材がリスクをとって新しいことにチャレンジできるようにするなど、人材の活躍の場を広げ、人を引き寄せる魅力を持つことこそが、経営や事業を成功へ導く。ITやデジタル人材獲得のチャンスを逃してはならない。

また、いわゆるHRテック[9]の発展により適切な人材を外部から獲得するための情報収集や、スキルと業務のマッチング精度が向上している。必要な人材の確保は内部育成中心からフリーランスも含めた外部調達との組み合わせへとシフトしていくだろう。従来は企業風土や求められるスキルと合致するヒトを探し出すまで多くの労力と時間が必要であったが、そうした調整のための「人材取引コスト」がデジタルの進展によって大きく低下していることも外部人材獲得と活用が増してくる根拠である。

図表2-27 ▶ 市場流動化と人材調達コストの関係

人材流動化によって外部市場からの調達コストに経済合理性が生ずるようになる

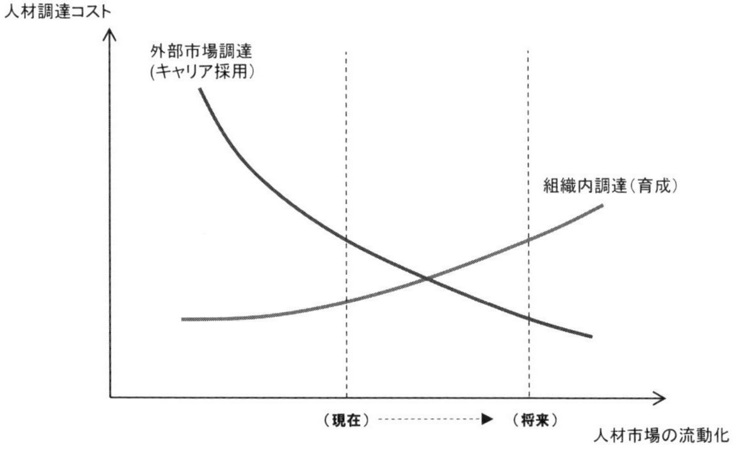

（出所）野村総合研究所

9　HRテック：AIや高度ITテクノロジーを活用して採用管理、人事管理等の人事定型業務を効率化する事業の総称新卒一括採用・育成だけではなく、その都度外部市場から必要な人材を調達した方が、内部で超長期間をかけて育成（組織内育成）するよりも環境変化にも適応しやすく経済合理性が高くなる。こうした経済合理性の観点からも、職務型人事制度やジョブ型雇用への流れが加速すると考えられる（図表2-27）。

■■ デジタル化とリーダー人材

デジタル時代の到来で純日本型人材マネジメントモデルの見直しが迫られているもう一つのテーマが「リーダー人材育成のあり方」である。

前述したように、職能型人事制度においては、人事部門が主体になって、新卒一括採用、定年までの終身雇用を前提に異動、ローテーションによって様々な仕事を経験させ、会社の価値観、組織風土をしみ込ませ、中長期的な視点で職務遂行能力の開発を図り、「当該企業固有のゼネラリスト」として育成を図ってきた。この育成方法は事業のリーダーや経営者を育成する目的においてはある意味「理にかなったもの」であった。

経営や事業をけん引し、大所高所から意思決定を行うためには幅広い経験やその会社特有の組織風土や社員との対話能力が不可欠である。職能型人事制度において様々な職務をローテーションさせながら職務遂行能力を開発し、社内ネットワークも構築させながらゼネラリスト人材を育成するキャリア形成はリーダー人材に必要な能力を身に付けさせる方法とマッチしていたのである。

一方で2000年前後からそうした超長期のゼネラリスト人材育成方法の延長としてのリーダー人材育成手法に対して「タレントマネジメント」と称される手法が欧米より導入され、現在では多くの日本企業においてもその導入が進んでいる。

その背景としては旧来的なゼネラリスト人材育成についてはそのメリットも多くある一方で、以下のような問題点も顕在化していたことがあげられる。

➢ 経営者（役員）に登用するまであまりにも時間がかかりすぎる

➢ 管理職の延長としての経営者育成となり、本当の経営能力が身に付くか疑問
➢ 将来の経営（役員）候補者に経験させたい機会は限られている
➢ 現在リーダーに必要と考えられている能力が将来必要かどうかは不明

そういった中、GE（ゼネラルエレクトリック）社のCEOを17年間務めたジャック・ウェルチがその著書『STRAIGHT FROM THE GUT（邦題「わが経営」日本経済新聞社、2005年）』にて示した経営人材育成手法（タレントマネジメント）は当時の日本経営に対して大きなインパクトを与えた。

その主なエッセンスは「リーダー候補人材を早期に選抜」「当該人材の育成課題に応じて事業や機能の責任のあるポジションを数多く経験させ」「ふるいにかけて徐々に絞り込みを行いながら最終的な経営者を決定」というものである。そして、「経営トップ自らがモニタリングを通じた選抜プロセスに深くコミットする」ことが不可欠としている。

特に「早期選抜と計画的な機会付与」「長期によるモニタリング」「経営トップ自らが深くコミット」については日本企業のゼネラリスト人材育成とは似て非なるものであり、故に日本の経営者や人事部門は40歳後半や50歳代前半でグローバル経営をリードできる経営人材を輩出可能な人材パイプラインを構築する欧米企業の強さ、日本の経営人材との力量の違いを再認識し、一斉にその取り組みを自社に取り入れる動きが始まったのである。

現在日本企業で取り組まれているタレントマネジメントは程度の差はあるものの、GEの経営者育成モデルを日本流にアレンジしながら各社工夫されてきたと言っても過言ではないが、そのポイントは概ね以下のような内容である。

✓ 複数の事業領域を経験させる
✓ 優れた経営者の下で高い視座を身に付けさせる
✓ コーポレート（経営企画）で企画の仕事をさせる
✓ M&A、グローバル大での折衝や業務提携を経験させる

GEとの違いをあえて指摘するなら、「経営トップの選抜プロセスへの関

与度合いが低い」「選抜のスタートはそれほど早期ではない」「ふるいにかけて入れ替えというよりもプール化中心」といったところである。

そしてデジタル時代を迎えてこうしたタレントマネジメントのあり方も大きな転換点を迎えている。

第1章で述べたように、2019年にNRIが実施した「VUCA時代の経営管理に関するアンケート調査」によれば、経営・事業のデジタル化において足かせとなっているのは、「リーダーシップの欠如、執行役員を含む役員層の経験値の低さである」との回答が、全体の6割を超えた（図表1-15）。

多くの日本企業では各社なりのタレントマネジメントを運用して経営者育成に取り組んでいるが、現行のやり方ではデジタル時代にふさわしい経営者は育成できないとの疑念が生じている。

経営者や事業リーダーは、デジタル化による自社の企業ビジョンを描き、デジタルトランスフォーメーションをけん引するリーダーシップを発揮することが責務だが、その仕事はIT部門やデジタルビジネス推進部門、またはITエンジニアの仕事であって、自分自身の仕事は「デジタル化を進めよう」という掛け声を発していればよいと誤解している日本の経営層も多い。

経営層が自らデジタルを活用して新しい事業を生み出した経験や、業務プロセスを劇的に変えたといった経験が不可欠であり、経験がないなら実際にデジタルでビジネスモデルを大きく変えた企業や海外の国や地域のケースを自身の目で見て感じ取る疑似体験機会を持つしかない。

そういった意味で、現在のタレントマネジメントにおいて将来のリーダー候補人材に必要不可欠な機会付与とは、従来必要と言われている経験に加えて以下が必要と言えよう。

✓ベンチャー企業のスピードを実体験させる
✓事業を立ち上げる機会付与をさせる
✓デジタルで業務を変革する仕事をさせる
✓多様な価値観（含むグローバル）で揉まれる経験をさせる

経営や事業リーダーの視座がしっかりと定まれば、デジタル化を進める上で必要なデジタル人材の勘所やその獲得・リテンションのための人材戦略を構築しやすくなるし、既存ビジネスを担う組織やヒトに対して真摯に向き合いどのように対処していくべきかの方針を明確に打ち出しやすくなるだろう。

3　経営者のリーダーシップでコンフリクトを乗り越える

日本の多くの大企業ではデジタル化に向けてPoCは行われるものの、新しいビジネスモデルの創造や抜本的な業務プロセス改革には繋がっていないという状況は前述した。

デジタル化への取り組みにおいてPoC程度なら表面的な協力をするものの（場合によってPoC自体にも抵抗を示す）、大企業で働くヒトは「デジタル化がもたらす変化に自分自身が対応できるだろうか」「デジタル化によって自分自身の仕事や役割の存在意義がなくなってしまうのではないか、仕事自体がなくなってしまうのではないか」といった不安にかられ、それが様々なコンフリクトを引き起こすからである。

そうした状況を乗り越えるために今こそ、経営者は具体的な手立てを打たなければならない。

まずは経営者自らがデジタルを活用して実現したい目的、ビジョンや夢、情熱を自らの言葉で語らなければならない。そのために必要な経験や気づき、インプットを経営層自らが自分の目で確かめ、実践し獲得することである。

そして本当に必要なことは、将来のリーダー候補人材に対して、デジタルで新しいビジネスを生み出し、業務プロセスを変革する機会を与えることである。これは「タレントマネジメントをデジタル時代仕様に変えること」であり、それを経営層自らがコミットしてやり切ることである。

もう一つ重要なことはすべての社内人材に対してデジタルに対する幅広い教育を行い、デジタルトランスフォーメーションに対する不安やストレスを取り除く基盤整備を行うことである。デジタル化が自分に対して「害」を及ぼす出来事ではなく「顧客に対して価値提供をするツール」であり、「自らの業務を高度化・効率化するツール」であり、メリットをもたらす変革であるというマインドセットを自社の組織とヒトに植え付けるのである。

そのためには「デジタル化の本質が何であるか」「デジタル化で何ができて、何ができないのか」「ヒトが行う業務がどのように変化し、その変化にどのように対応すべきか」を教育すると同時に、社員自ら考える機会を創出することが大切である。

またデジタル人材のみならず、非デジタル人材に対する人事制度を刷新することも必要であるが、これを人事担当役員や人事部門の仕事として「あとはよろしく」とするのではなく、経営課題として格上げし、取り組むことが必要である。

過去、職務型や役割型人事制度を導入しながらも、実際の制度運用時には「任せた職務の成果や責任の大きさに応じて等級格付けを実施して処遇を決定する」ことができず、結局はヒトの職務遂行能力ベースでの職能型人事制度と同じような運用になってしまった企業も多い。

その原因には、特に職務型人事制度は一定程度の人材流動性が前提であるといった自社の都合だけでは解決できないものがある一方で、「職務・役割の大きさ（等級格付け）を人事部門では判断できない」や、「(温情的な心理から）現場の組織長が等級格付けの下方移動をやりきれない」といった自社内的問題もある。

人事部門はかつて職能型人事制度を運用するために、事業部門を始めとした現場とのコミュニケーションを通じて全社員の人事情報を一手に集約し、入社年次や学歴・職歴情報に独自の人事情報を加味して人材管理を行ってきた。そしてそのための人事部門の人的リソース（人事部員）も潤沢に確保して、純日本型人材マネジメントを運用してきた。

ところが、バブル崩壊後の低成長経済化において職務型人事制度やコンピテンシーモデル[10]といった欧米型の人材マネジメントの導入において思うような成果を得られなかったことをきっかけに人事部門の社内的地位は徐々に低下し、人的リソースも他の間接部門と同様に以前のように潤沢ではなくなってしまった。人事情報も人事部門にて集中管理する仕組みよりも現場に近いところで管理される傾向も強まったことからデジタル人材のための人事管理のあり方や職務型人事制度の導入といった大きな改革を進める上でのリソースや社内的なパワーが圧倒的に不足しているのが実態であろう。

「企業は人なり」とはかつて日本型経営モデルを端的に表現したものであったが、優秀な人材の獲得や育成、リテンション、さらには全社員のエンゲージメント状況の見える化等に関してはむしろ欧米のグローバル企業の経営層のコミットメントの方が勝る状況となってきた感がある。

例えば日本企業においてリーマンショックを契機とした構造不況や低成長時代において研修予算といった人材投資は優先的に削減されることが多かったのは事実であろうし、前述した通り人事部門の戦略化に伴って本来役割・機能の重要性に伴って人的リソースを配分しなければならない人事部門の人員が縮小することも多い。バブル崩壊後の約30年間の中で、今や日本企業の人材育成投資は各国と比較しても極めて低水準となっていると言われるゆえんである（図表2-28)。

デジタル化に伴い人材戦略再構築は人事担当役員や人事部門単独で解決できる課題ではなく、「全社の重要経営課題」として位置付け、経営者自らがこの課題に取り組むことが不可欠なのである。

例えば、先述した「職務・役割の大きさ（格付け）の判断」についても、経営企画部門や現場の責任者クラスを巻き込んでいくことで解決できる場合もあるし、「現場の管理職が等級格付けの下方移動をやりきれない」といった問題については、全社的観点から理解をしてもらうようトップマネジメントからの働きかけで乗り越える必要がある。

本章ではデジタル人材の処遇の勘所を、ワークモチベーション調査等の客

10　コンピテンシーモデル：高業績者の行動を科学的に分析することで、成果を生み出すための再現性が高い行動や能力発揮のあり方をモデル化したもの。採用や人事評価の際のモノサシとして活用される

図表 2-28 ▶ GDPに占める人材育成投資比率の国際比較

日本企業の人材育成投資は各国と比較しても極めて低水準

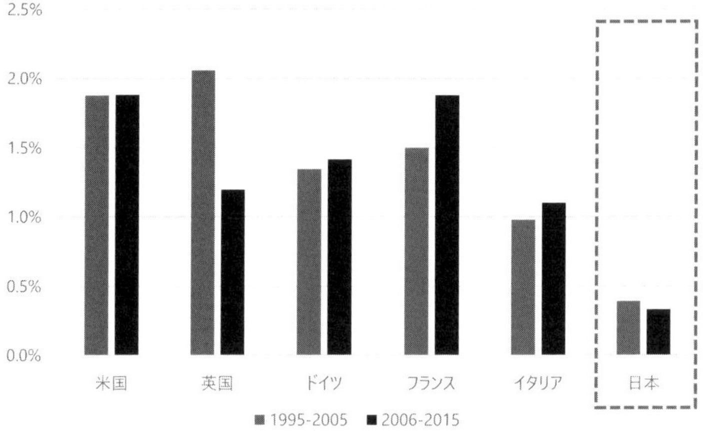

（注）欧米は、不動産、公的部門、医療、教育などを除く全産業、日本は、全産業の数値
（出所）データの出所）欧米：INTAN-Invest Edition April 2020 及び日本：JIP2018 データベースをもとに、宮川学習院大学教授、滝澤学習院大学教授が作成

観的なデータからのデジタル人材特性考察と日本型人材マネジメントモデルとの親和性の観点から述べてきた。

第３章では、「組織・人材戦略」について深耕し、第４章では「処遇制度」について詳述したい。そして第５章では、「組織開発手法を活用した人事改革ステップ」について具体的に説明したい。

第 3 章

デジタルトランスフォーメーションを実現する組織・人材戦略

1　デジタルトランスフォーメーションに必要な人材とは

デジタルトランスフォーメーションを実現するためには、組織・人材戦略にもトランスフォーメーションが求められる。すなわち、第2章で言及したように、デジタルトランスフォーメーションを考え、実行する「適切な人材」をどのように見極め、どのように獲得・機能させていくのかを抜本的に見直さなければならない。

デジタル人材（IT系・ビジネス系）の獲得

デジタルトランスフォーメーションに必要となる人材は、まずは前章までにも述べている「デジタル人材」である。デジタル人材といっても多種多様であるため、本稿では「ビジネス系デジタル人材」と、「IT系デジタル人材」に区分する（図表3-1）。

ビジネス系デジタル人材は、ビジネスデザイナーやデータサイエンティスト、ITアーキテクチャー等を指し、IT系デジタル人材は、アプリケーショ

図表3-1 ▶　2種類のデジタル人材

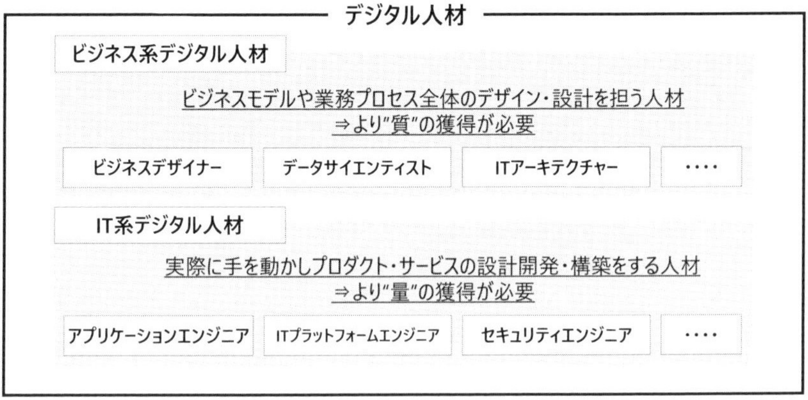

（出所）野村総合研究所

ンエンジニア等のITエンジニアを指す。この分類で指すIT系デジタル人材は、実際に手を動かしプロダクト・サービスの設計開発・構築を行うため、ビジネス系デジタル人材と比較すると「量」の獲得が必要となる。一方でビジネス系デジタル人材は、ビジネスモデルや業務プロセス全体のデザイン・設計を担うため、いわばアイデア・コンセプトの勝負となることから必ずしも多数のヒトがいることが成果に直結するとは限らず、より高い「質」が大切である。

前述したように、デジタル人材をめぐっては、既に熾烈な獲得競争が起きている。これらの人材を獲得するには、従来までの新卒一括採用という獲得戦略では立ち行かない。

IT系デジタル人材をある程度のボリュームで獲得するには、アクハイアという手段が考えられる。アクハイアとは人材獲得目的のM&Aを指す。2018年に大手広告代理店の株式会社電通はマーケティング領域のAI開発に強みを持つ「データアーティスト株式会社」を子会社化した[1]。データアーティスト社は従業員数70名で、数学オリンピックのメダリストや上位入賞者をAIテクノロジストとして抱えている。電通は同社のマーケティング領域にAIを活用し、さらなる競争力の強化を目指している。

優秀な学生の青田買いも有効な手段である。早いところでは理系の大学1年生や高等専門学校生を対象にリクルーティングを行う会社もある。三菱UFJ銀行ではプログラミングや統計の知識のある学生等を対象に、大手銀行では初の有給インターンシップを実施し、デジタル領域に強みのある学生にアプローチした[2]。既にITエンジニアを自社に数多く抱えている企業では、ITエンジニア同士のネットワークを活用した「リファラル採用（社員紹介）」も盛んである。サイバーエージェントでは約400名の現場社員が関わってリファラルでの採用を行っている[3]。リファラル採用は、自社の風土

1　同社プレスリリース2018年2月9日。2020年1月に同社は㈱電通グループの子会社となっている
2　同社Webサイトhttps://www.mysite.bk.mufg.jp/internship/
3　同社2019年統合報告書

図表 3-2 ▶ デジタル人材の獲得戦略

	ビジネス系デジタル人材	IT系デジタル人材
バルク（集団で採用）		• アクハイア（人材獲得目的のM&A） • 青田買い
一本釣り（個別で採用）	• 高報酬提示でのヘッドハンティング	• リファラル採用（社員紹介）

（出所）野村総合研究所

とマッチした人材を見つけやすく、通常の中途採用より早期離職を抑えられるという効果が期待できる。

一方でビジネス系デジタル人材は、日本国内全体を見回しても数が少なく、獲得はさらに難しい。当面は、高額報酬、その他のインセンティブで一本釣り形式のヘッドハンティングをする手段が主流であろう（図表 3-2）。そうすると、自社の既存社員との報酬や役職の逆転によるコンフリクトも発生しやすい。このような場合に対応するための評価・報酬制度については、次章で詳しく述べる。

必要なのはデジタル人材の獲得だけではない

デジタルトランスフォーメーションを行う上では、デジタル人材だけが確保できればよいのだろうか。JUAS-NRI 共同調査によれば、デジタルビジネスを推進するために必要な能力・スキルについては「事業企画力」、次いで「改革推進力（業務と IT 両面での実行力）」があげられた（図表 3-3）。事業企画力は、前述のビジネス系デジタル人材の中の「ビジネスデザイナー」が専門とする領域ではあるが、必ずしもこのスキルを一人のヒトが持つ必要はない。むしろ組織・チームとして「事業企画力」を持つことこそ重要かもし

図表3-3 ▶ デジタルビジネス・デジタル化のために必要な能力・スキル

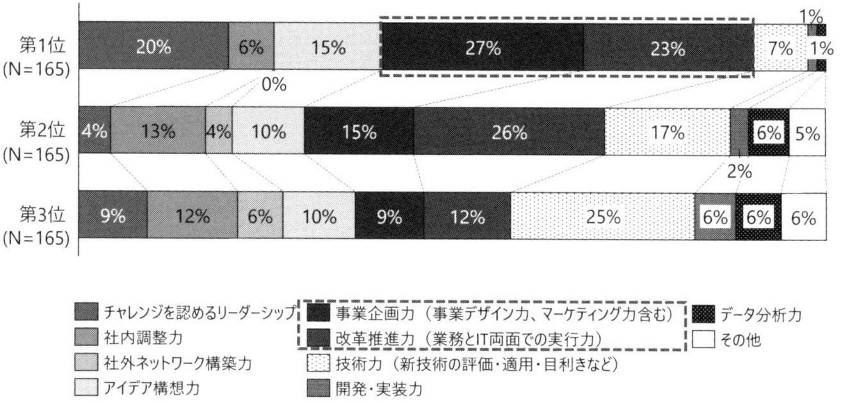

（出所）JUAS・野村総合研究所「デジタル化の取り組みに関する調査」2019年

図表3-4 ▶ 共創する組織

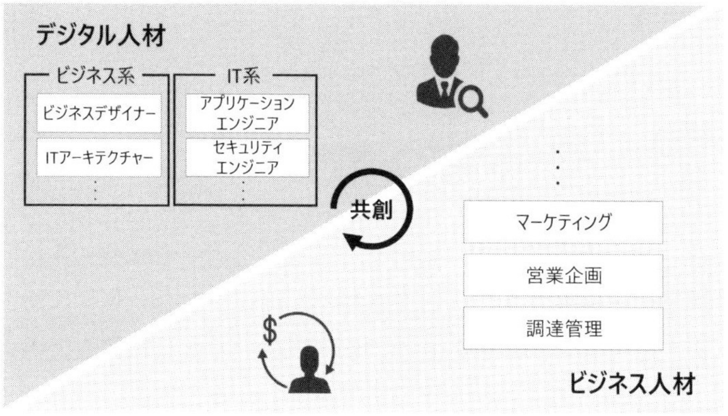

（出所）野村総合研究所

れない。

デジタルビジネスにおける「事業企画力」を有する組織とは、デジタルの専門知識・専門スキルを持つデジタル人材と、自社のビジネスや顧客に対して専門知識や経験を持つビジネス人材が共創している動的な組織である（図表3-4）。

この共創を生むためには、組織を率いるミドルリーダー（事業責任者）が必要だ。ミドルリーダーは、従来から経営層と一般社員間の上下階層や、他部署・他チームとの組織間を繋ぐ役割が求められてきたが、デジタル時代には、デジタル人材とビジネス人材の間を繋ぎ、全員を同じゴールに向けて方向づけする役割が求められる。

デジタル時代のミドルリーダーには、さらに「改革推進力」が求められる。デジタルビジネス特有のスピード感の中で、組織やチームを率いていかなければならない。しかしミドルリーダーだけでは、デジタルトランスフォーメーションは進められない。社内にいる大多数のビジネス人材も、変革の一翼を担えるよう、デジタルリテラシーの向上、マインドチェンジが必要となる。

また、当然のことではあるが、企業が変革していくにはそのトップにいる経営層が自らを変革しなければならない。経営層はデジタルで自社をどう再定義するか、そしてどうやってトランスフォーメーションさせるのか、既存の価値観や秩序にとらわれず描けなければいけない。

デジタルトランスフォーメーションを実現する
組織・人材戦略の３つのポイント

本章では、企業がデジタルで自己変革していく上での組織・人材戦略として、以下の３つのポイントについて述べたい。すなわち、デジタルとビジネスを繋げるブリッジパーソンの獲得、秩序破壊のできる経営人材の獲得、デジタルトランスフォーメーションの下地づくりの３つである（図表3-5）。

デジタルとビジネスを繋げるブリッジパーソンの獲得

デジタルトランスフォーメーションには、顧客・ユーザーを真に捉えた事業創造や業務改革を推進できるミドルリーダーが必要となる。ダイキン工業の取締役会長兼グローバルグループ代表執行役員の井上礼之氏は、AIやIoTといった新しい技術とビジネス、データと事業、テクノロジーと経営、

図表 3-5 ▶ デジタルトランスフォーメーションを実現する組織・人材戦略の３つのポイント

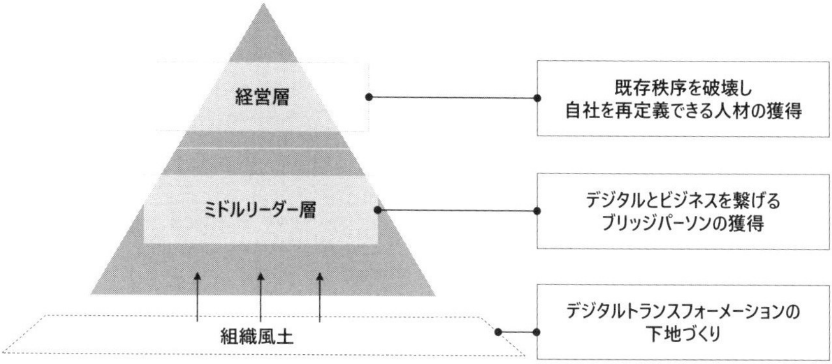

（出所）野村総合研究所

事業部門間の橋渡しなど、二つの領域を繋ぐ人材を「ブリッジパーソン」と表現している。また、今後はこのような「ブリッジパーソン」が会社の「そこかしこ」にいる状態を目指していかなければならないとも述べている。本書においても、デジタルとビジネスを繋げ、顧客に価値を提供するための先導的なミドルリーダーを「ブリッジパーソン」と表現したい。

NRI では、このブリッジパーソンの育成において重要なファクターとなるのが「デザイン」アプローチであると考えている。「デザイン」は、顧客体験を起点とし、顧客に対する共感・洞察を行うことによる「顧客フォーカス」という共通のビジョンを作り出す。この共通のビジョンがあれば、異なる意見やスキルを持つ人材がコンフリクトではなく共創に向かうことが可能となる。

また、「デザイン」はアジャイル型のビジネスアプローチをとることも指し、デジタル時代のビジネス手法として欧米を中心に先進企業で次々と取り入れられてきた（図表 3-6）。ここでは、デザインシンキングをほとんどの社員が身に付け、現場で活用しているドイツの SAP 社、また自社を「課題提起型カンパニー」へと再定義するためにデザインシンキングを導入したコニ

図表 3-6 ▶ ブリッジパーソンの育成に寄与するデザインアプローチ

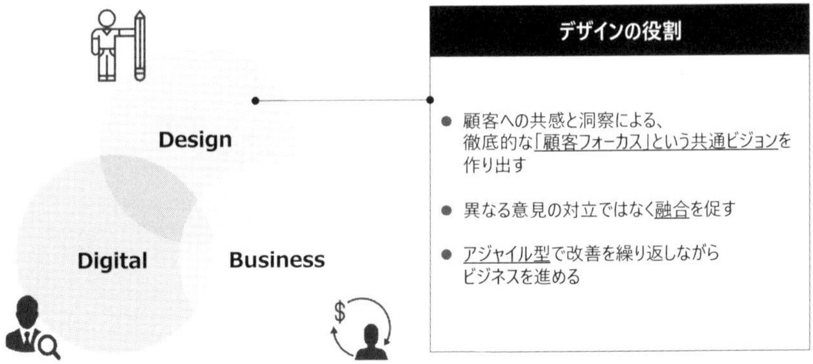

（出所）佐宗邦威『21 世紀のビジネスにデザイン思考が必要な理由』クロスメディア・パブリッシング（インプレス）2015 年より作成

カミノルタ社を紹介する。

その他に、実践型のミドルリーダー育成方法として、IT ベンチャーへの派遣を行い実際にデジタルビジネスのチームづくりをする体験をさせることで、ブリッジパーソンの育成を目指しているパナソニック社の取り組みを紹介する。先述したダイキン工業では子会社の代表取締役にベンチャー設立経験のある人材を招聘することで外部からのブリッジパーソン獲得に成功している。このようにミドルリーダー層となるブリッジパーソンを「今」必要となれば、育成だけでなく外部からの人材調達にも積極的に取り組むべきである。

秩序破壊のできる経営人材の獲得

デジタル化はあくまで手段・ツールであり、それを活用してどのように事業を創り上げ、さらには企業として何を目指していくのかを追求し組織に浸透させていくことが、企業の経営層・幹部層の命題である。デジタル時代に限らず、ディスラプター（創造的破壊者）の出現や顧客の志向性の変化により、従来の延長線上のビジネスでは、企業は生き残っていくことができない。

デジタル時代に求められる経営人材は、自社の提供価値を再定義し、そのビジョンに向けて既存の社内秩序をも破壊できる人材である。

この点においても「デザイン」アプローチは重要である。米国のフォードでは2017年にデザインシンキングに長けたジム・ハケット氏をCEOに招聘し、トップダウンで企業価値の再定義を進めている。また日本国内を見てみても、三菱UFJフィナンシャル・グループでは2020年4月よりメガ銀行初の理系出身社長としてデジタル分野に強みを持つ亀澤宏規氏を任命し、既存の銀行ビジネスからの大転換を目指している。また、デジタル時代の経営人材の育成方法として、サイバーエージェントの取り組みを紹介したい。同社では、若い時代からデジタル人材とビジネス人材を束ねる機会を付与し、デジタルで経営を担える人材づくりを行うキャリアパスを構築している。

デジタルトランスフォーメーションの下地づくり

実際にデジタルビジネスやデジタルによる業務改革を推進するプロセスでは、現場でのコンフリクトがしばしば課題として取り上げられる。例えば、若手人材を中心にデジタル教育を進めても、その上の上司がデジタルの本質を理解していないため、昔ながらのやり方を重視してデジタルを活用できない、あるいはデジタルビジネスの初動が遅くなる、というコンフリクトである。または営業部門とデジタル推進部門との考え方の違いによるコンフリクトもしばしば見られる。このようなコンフリクトを解消しデジタルトランスフォーメーションを現場で実行できる下地を作るためには、一部の人材だけにとどまらない全社員・全階層でのデジタルリテラシーの向上が急務である。ここでは、階層を問わないデジタルリテラシーの向上を目指す好例として、ダイキン工業の全社員向けのAI教育研修体系や、パナソニック社の既存技術者へのリスキル体系を紹介する。

2 デジタルとビジネスを繋げるブリッジパーソンの獲得

デジタルで新しいビジネスを作り出す、または業務を改革していく上では、それを推進していくことのできるミドルリーダー（事業責任者）が必要となる。ミドルリーダーの育成は時代を問わず、日本企業において常に人材テーマとして捉えられてきた。

ミドルリーダーの育成を考える際には、ミドルリーダーの人材像および保有すべきスキルの定義を明確にする必要がある。ミドルリーダーは特定の事業や機能の実務責任者クラスを想定しているが、将来の経営人材候補とも考えられるため、自社の目指すビジョンやミッション、中長期の経営戦略と、求められるミドルリーダーの人材像が連動していることが重要となる。人材像が見えてくれば、その人材像が保有するスキルやそれを獲得するのに必要な経験を洗い出し、それらのスキルや経験を会得できるよう人材配置や機会付与の計画を立てていく。このような戦略的な人材開発は、第２章でも述べたようにタレントマネジメントと呼ばれている取り組みである。

タレントマネジメントでは、人材配置や機会付与（ストレッチアサインメント）が効果的に作用しているかをモニタリングする必要がある。またアサインメントの他にもミドルリーダー育成のためにOff-JTで行われる能力開発プログラムのモニタリングも必要である。これらが効果的に育成に作用しているかを評価しながら、最初に決めた人材像に必要なスキル・経験の要件をブラッシュアップしていく。このようなタレントマネジメントサイクルを回していくことで、「やりっぱなし」でない能力開発や機会付与が実現される（図表3-7）。

デジタル時代に求められるミドルリーダー像

それでは、デジタル時代にはどんなミドルリーダーが必要なのだろうか。デジタル時代のミドルリーダーには以下の二つのスキルが特に重要となる。

図表 3-7 ▶ タレントマネジメントサイクル

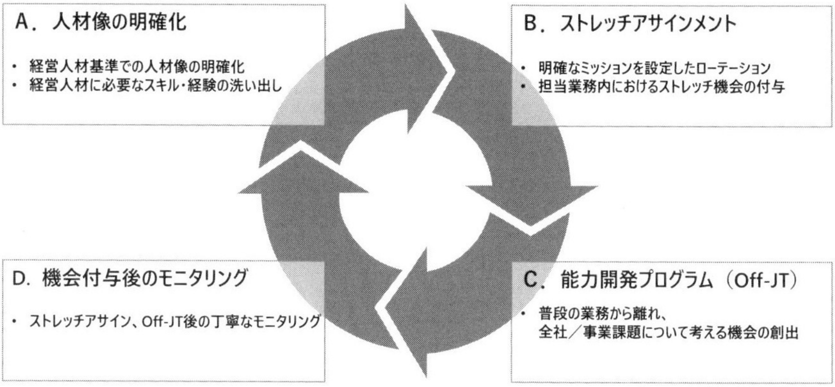

（出所）野村総合研究所

・デジタル人材とビジネス人材をマネジメントできるスキル
・デジタルビジネス特有のスピード感を持って意思決定できるスキル

デジタルとビジネスを繋げるということは、デジタル人材（IT系・ビジネス系）とビジネス人材という特性の違う人材を一つのチームとしてまとめ上げ、ビジネスを創り上げ、推進していくということとも言える。これはどちらが主導という形をとってもうまくいかない。企画・開発の段階から両者が一体となって進めていくことが重要である。前述のJUAS-NRI共同調査においては、デジタル化の取り組みが先行しているトップランナー企業においては、約45％がIT部門と事業部門の共同チームによってデジタルビジネスが推進されているという結果が出ている（図表3-8）。ここからもデジタル人材とビジネス人材がうまく一つのチームとして機能することが、デジタルビジネスの促進のキーになると言えるだろう。

またデジタルビジネスに特有なのは、そのコンセプト設計からサービスインまでに求められるスピード感が従来とはまったく異なるという点である。デジタルビジネスは、AmazonやGoogleの提供するクラウドや業務系アプ

図表3-8 ▶ デジタルビジネスの推進主体

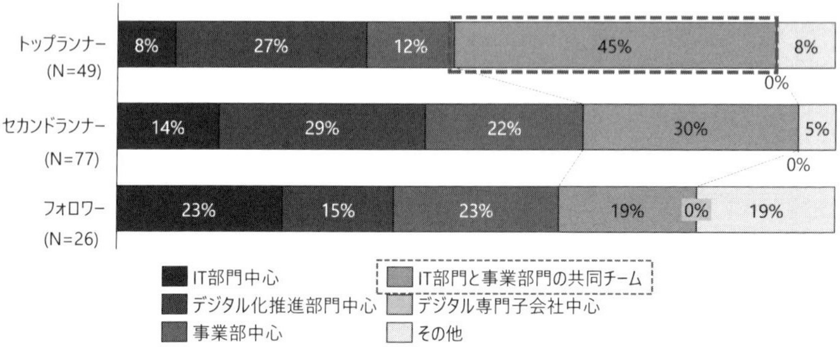

（出所）JUAS・野村総合研究所「デジタル化の取り組みに関する調査」2019年より作成

りを駆使することによって、その参入のハードルは下がっている。そのような状況下では、デジタルディスラプター（創造的破壊者）と呼ばれるスタートアップ企業が、業界や国境を超えて新たなアイデア、新たな付加価値を生み出して既存企業を淘汰していく。

そのようなスタートアップ企業と渡り合い、または共存していくためには、これまでのように「結果を確実に出せるという確信を得るまではリソースを投資しない、GOを出さない」という従来的な新規事業・業務改革の意思決定方法では、まったく太刀打ちできない。適切にリスクテイクし、スピード感を持った事業推進のできるリーダーを企業の全組織に配置することが必要である。上記のような二つのスキルは当然経営層にも求められるものであり、特定の階層に限った話ではないが、特にデジタル時代のミドルリーダーに必要となるスキルである。

このようにデジタルとビジネスを繋ぎ合わせビジネスを前に進められるという意味で、本稿では、そのような人材を、ダイキン工業の取締役会長兼グローバルグループ代表執行役員の井上礼之氏の言葉をお借りし、「ブリッジパーソン」と表現している（図表3-9）。

「ブリッジパーソン」を育てるためには、実際にデジタルビジネスを率い

図表 3-9 ▶ ブリッジパーソンのイメージ

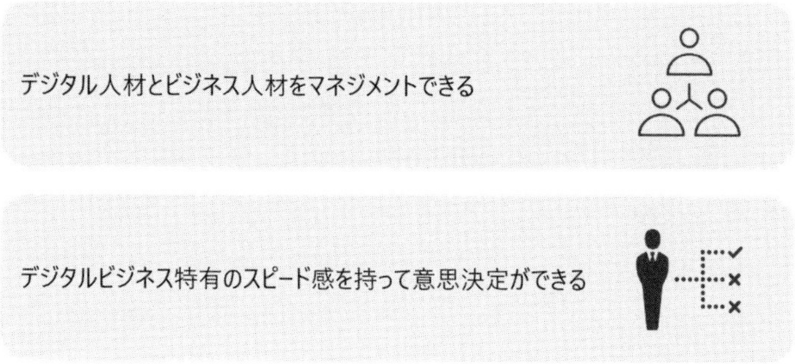

（出所）野村総合研究所

る経験をさせることが一番の近道である。しかし大企業であればあるほど、自社内でそのような経験を十分に用意することは難しい。そこでいくつかの企業が採用している手段が、スタートアップ企業へミドルリーダー層の人材を派遣し、そこで実際にデジタルビジネスを経験してもらうという方法である。ローンディールは、出向制度を活用して大企業の社員をベンチャー企業のプロジェクトに参加させることのできるレンタル移籍プラットフォームを提供している（図表 3-10）。このサービスを活用して自社の次世代リーダー育成を行っている企業の代表例がパナソニックだ。

図表 3-10 ▶ LoanDEAL 社の提供するレンタル移籍プラットフォーム

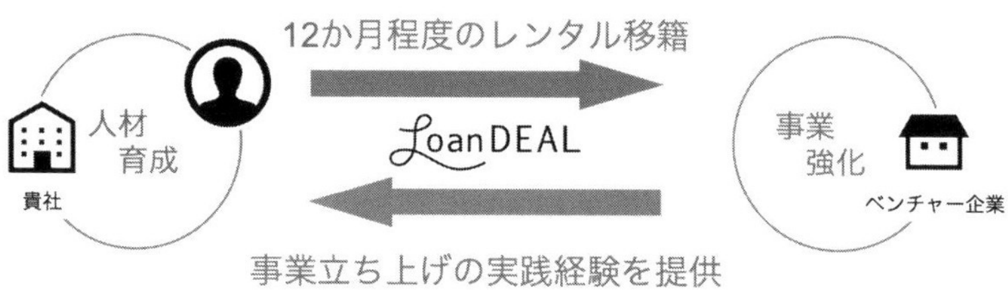

（出所）LoanDEAL 社 Web サイト　https://loandeal.jp/

Tech ベンチャーへの「留職」制度を持つパナソニック

パナソニックは次の100年を見据えた働き方改革「a better workstyle」プログラムの一環として2018年から「社外留職」[4]制度を導入した[5]。これは希望した社員が最長1年間、同社に籍を置いたまま別の会社で業務することを可能にする制度である。

対象となるのは、入社4年目以上で所属部署に1年以上在籍している社員となる。別会社で業務を行うことで、まったく違う風土や価値観の中で仕事を進めていくための適応力や、異なるバックグラウンドを持つ相手との意見交換、プロジェクトを通じて自由な発想力を身に付けてもらうことが狙いである。パナソニックは、上記の企業間レンタル移籍プラットフォーム「LoanDEAL」を通じて、既に5名を「留職」させている[6]。「留職」した社員は、各々これまでとはまったく異なる業務を行う。

ある社員は、子どもの動画や写真を実家のテレビに配信する「まごチャンネル」を展開する株式会社チカクに留職し、ハードウェアの企画・設計・製造から新規サービスの立ち上げ・サービス改善から、ユーザーとの折衝やパートナーとの連携構築までを担当していた。

また別の社員は、ロボティクス関連技術の開発と販売を行うTelexistence株式会社にて、ロボットの遠隔操作、自動制御に関する実証実験の遂行と2019年度内の事業化推進に尽力した。

農業と職のグローバル・バリューチェーン・プラットフォームの構築を行うアグリホールディングス株式会社に留職し、弁当を通じてトータルヘルスをサポートする「BENTO LABO」の責任者となり立ち上げから運営までを担当した社員もいる[7]。

---

4 「社外留職」はレンタル移籍のパナソニック社内での呼称
5 LoanDEALプレスリリース2018年6月29日
6 1期生：5名　2018年10月～2019年9月
　2期生：4名　2019年10月～2020年9月（予定）
7 LoanDEAL社Webサイトhttps://loandeal.jp/

この「留職」制度の特徴は、デジタルビジネス等を行うベンチャー企業の中に入って、チームの一員として業務を経験できるところにある。大半の社員がデジタルを活用したサービス・プロダクトの事業化推進や事業開発を担当するため、実際にエンジニアとマーケター等のビジネス人材とを繋ぐ「ブリッジパーソン」の役割を担うことが可能となる。しかもそれが自社の社員ではなく、まったく別会社の社員であるがゆえ、今までの自らの働き方や価値観を積極的に変えていく必要も出てくるだろう。ベンチャービジネス特有のスピード感や意思決定の機会の多さも、留職ならではの経験となるのではないだろうか。

パナソニックのような大企業で、同様の経験を社内でさせようとしても、なかなか実現は難しい側面もあるだろう。留職した社員が1年間を終えて自社に戻り、その経験を自社ビジネスに活かし、そのような社員が社内にどんどん増えていくことで、「ブリッジパーソン」の育成が可能になる。

デザインシンキングの活用によるブリッジパーソンの育成

デジタルとビジネスを繋げ、新たなイノベーションを生み出していく思考方法として「デザインシンキング」が注目されている。デザインシンキングを活用することで、「顧客にとっての価値」にフォーカスすることが可能となり、デジタルとビジネスを繋げるための共通のビジョンを生み出しやすくなる。このビジョンの「共通化」は、デジタル人材とビジネス人材のコンフリクトを解消し、デジタル化を前に進めていくドライバーとなる。そのため、先述した留職制度のように実際に社員にデジタルビジネスを経験させるという「実践型（OJT型）」の育成がある一方で、Off-JT型の「ブリッジパーソン」の育成として「デザインシンキング」を共通のフレームワークとして浸透させることも有効であろう。

デザインシンキングは、共感（Empathize）、定義（Define）、アイデア（Ideate）、試作（Prototype）、テスト（Test）を何度も繰り返しながらチームで共創するイノベーティブな活動である[8]（図表3-11）。

図表 3-11 ▶ デザインシンキングのステップ

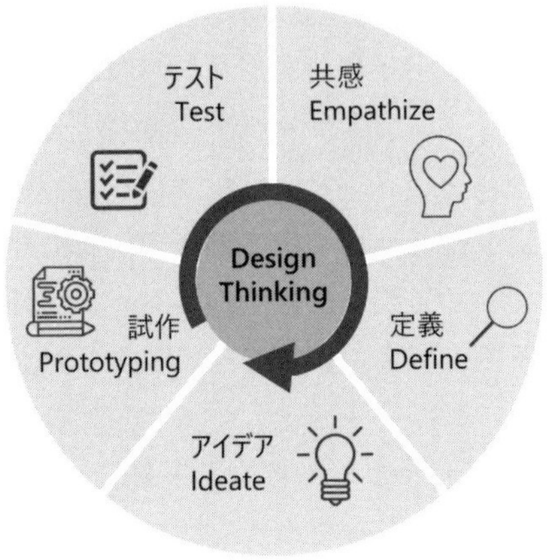

（出所）d.school at Stanford University「Design Thinking Bootleg」より作成

最初のステップとして、観察対象に「共感」することで、ヒトが無意識に感じていてまだ言葉にできていないような感情を明らかにする。従来のアンケートのような量的調査とは異なり、インタビュー等により調査者自らが対象の中に入り込んで感性を働かせ、主観的に感じる質的調査を指す[9]。インタビューで集めた情報をもとに、解くべき問題を決めるステップが「定義」ステップである。インタビューの結果を踏まえ洞察し、意味のある驚きと不安を特定し、「今解くべき問題」を一つに絞る。

「アイデア」ステップでは、ブレインストーミングなどを活用してチームが協働し、問題を解決するアイデアを生み出す。このステップでは、どちらが正しいか間違っているか、というような対立ではなく、自分の意見と違う人の意見を融合し相乗効果を生むような協働を目指し、とにかく質より量を重視してアイデアを出していく。

8　Hasso Plattner（d.school at Stanford University）［Design Thinking Bootleg］2018
9　前野隆司編著『システム×デザイン思考で世界を変える――慶應SDM「イノベーションのつくり方」』日経BP、2014年

「試作」ステップではアイデアを検証できる試作品を実際に作成する。作成したプロトタイプを用い、実際にユーザーからの評価を受けるのが「テスト」ステップである。フィードバックをもらいながらプロトタイプを改良していく。従来の試作は、設計した製品が確実に作られているか否かを評価・検証することが目的であったが、デザインシンキングにおけるプロトタイプ・テストはラフに試作し、失敗を繰り返しながら改良を重ねるというアプローチである。

デザインシンキングのステップである「共感」「定義」は、ビジネスにおいてはエンドユーザー、顧客に対して共感をし、無意識のインサイトを拾い上げることを指す。深くユーザーに入り込むことによって、「真に顧客にとって価値のあるもの」にフォーカスすることとなる。この共通のビジョンができ上がった上で、チームとして協働しアイデアを生み出す。

ここで重要なのは様々な専門分野や思考回路を持つメンバーが集まって、お互いのアイデアを融合することである。多様なメンバーで構成されるチームと均一なメンバーで構成されるチームとでは、後者の方が平均的には質の高いアイデアが生まれるが、飛び抜けて優れたアイデアは前者から生まれるという結果も出ている。

従来の事業開発のように、ビジネス系の人材が集まった事業企画部のみ、デジタル技術研究の専門部署のみで新規事業について考えるのではなく、両者ないしはもっと多様な人材がチームとなって協働することが求められる。またプロトタイプ・テストという、早い段階から試作品を世に出しフィードバックをもらいながら改良していくというプロセスも、デジタルビジネスではより一層重要となる。前述の通り、デジタルビジネスでは求められるスピード感がこれまでとは桁違いであり、また顧客にとってもまだ無意識下にある問題に対して解を出そうとしていることから、実際に試作品を出してフィードバックをもらわないことには、何の手立ても打てないのである。

デザインシンキングをビジネスの変革に必要と考え、10年以上前から取り入れている企業も存在する。ドイツに本社を置くソフトウェア企業の

SAPである。SAP前CEOのビル・マクダーモットは「デザインシンキングによって顧客の先にいる"顧客の顧客"の課題に対する共感力を養い、テクノロジーを活用した付加価値の実現を強化している」と語っている[10]。

全社員がデザインシンキングを身に付けることを目指すSAP

SAP社におけるデザインシンキングの導入の背景には、SAP創業者のハッソ・プラットナー氏の危機感があった。エンドユーザーに対する提供価値が、創業のルーツを離れ変わってしまっているのではないかという危機感である。そのような背景のもと、ユーザー（ヒト）を中心に考えるアプローチであるデザインシンキングをSAPの戦略的な優先課題と捉え、全社へ浸透を進めてきた。

2004年には、まずボードメンバーへのデザインシンキングの浸透を実施した。その後デザインシンキングの専門家（design thinker）を招聘し、全社にデザインシンキングを導入していった。2010年には、世界各地にデザインシンキングを活用したサービス開発チームの拠点「SAP AppHaus」を設立した。また、同時期に顧客に対してデザインシンキングを活用した変革支援ソリューションを提供している（図表3-12）。なお、ハッソ・プラットナー氏は、2005年に私財を投じて、IDEO社創業者のビッド・ケリー氏とともに、スタンフォード大学にハッソ・プラットナー・デザイン研究所（通称：d-school）を設立し、学生や起業家がデザインシンキングを学び、活用できるよう支援している。

SAPはデザインシンキングを企業に導入することによる効果として以下をあげている（図表3-13）。

- 共感力の醸成：課題について参加者が理解を共有し、顧客ニーズや顧客のためのイノベーションを共創する機運を醸成
- コラボレーションの促進：部門間での連携を促進し、様々な観点を採り

10 SAP SE「デザインシンキングが導くデジタル変革」2018年

図表 3-12 ▶ SAP のデザインシンキング導入ステップ

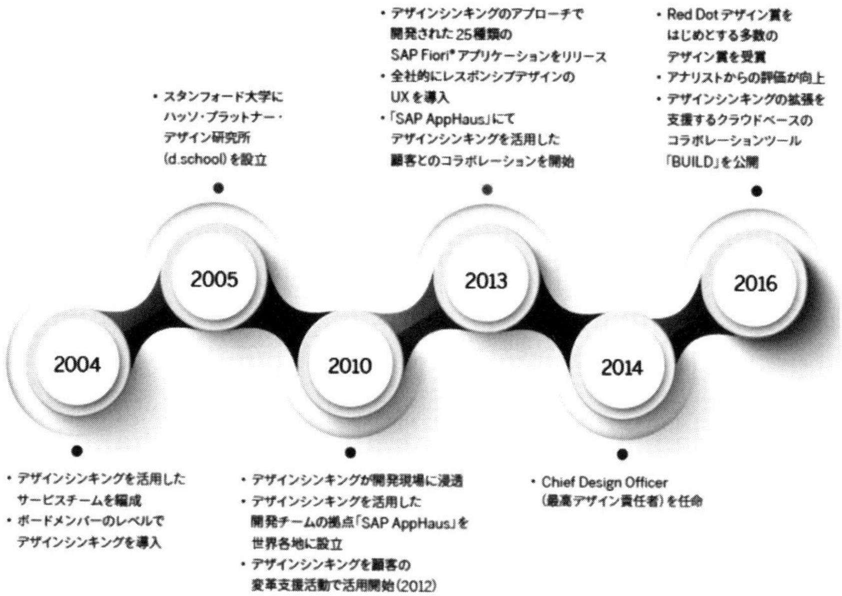

（出所）SAP SE「デザインシンキングが導くデジタル変革」2018 年

図表 3-13 ▶ SAP デザインシンキング導入効果

共感力の醸成	課題について参加者が理解を共有し、顧客ニーズや顧客のためのイノベーションを、力を合わせて創出する機運を醸成
コラボレーションの促進	部門間での連携を促進し、様々な観点を採り入れ、一貫性に優れた顧客体験を創出
反復性	市場からのフィードバックをスピーディーに実践へ反映し、成功の確度を高める

（出所）SAP SE「デザインシンキングが導くデジタル変革」2018 年より作成

入れ、一貫性に優れた顧客体験を創出
・反復性：市場からのフィードバックをスピーディーに実践へ反映し、成功の確度を高める

同社は、デザインシンキングによる効果は一つのプロダクト、サービスの開発にとどまらず、「組織のDNAにイノベーション文化をはぐくむこと」と捉えている。デザインシンキングを全社員が学ぶことで、異なる分野・部門同士を繋げる「ブリッジパーソン」が会社の中に次々と生まれてくる。このような状態こそ、イノベーションの文化が組織に根づいた状態と言えるだろう。

日本企業においても、経営者が強い意思を持ちデザインシンキングの浸透を推進している企業がある。自社を機器メーカーではなく課題提起型カンパニーへと再定義し、事業の変革を目指すコニカミノルタである。

デザインシンキングの「実践」により自社の変革を目指すコニカミノルタ

コニカミノルタは、1873年にカメラ・写真用フィルムのメーカーとして創立して以来、その技術を様々な分野に応用して変革を遂げてきた。現在は事務機を中心としたオフィス事業、画像診断機器などのヘルスケア事業等を基盤事業としている。同社の売上の7割を占める情報機器事業は、ペーパーレス化やデジタル化の波を受け、顧客へ提供する価値の転換が求められている。これまでのような「モノ」売りから、人間を中心に見据えた「コト」売りへのシフトが必要になっていた。そのような状況下で同社は「メーカー視点」でなく「顧客中心視点」に立ったデザインシンキングの社内浸透を進めている[11]。

デザインシンキングの推進を行う同社のヒューマンエクスペリエンスデザインセンターでは、「人と社会のための『美しき解。』」をデザインフィロソ

11　青嶋稔「マーケティング機能再構築（第3回）　デザイン思考による技術部門とマーケティング部門の融合」『知的資産創造』第27巻第10号：78-99

フィとして掲げている。また、①あるべき姿を創るこだわり、②期待を超える体験、③未来を拓く独創性、④心をひきつける力、⑤感動を生む共振、⑥誇りを持てる結果の6つを同社のデザインの実践としてブレークダウンしている。

デザインシンキングの浸透にあたり同社が目指す姿は、「各事業のプロジェクト全体にわたって実践行動が当たり前に行われている姿」である。創造的実践行動の指導者・推進者のリーダーを「デザインシンカー」とし、そのような人材が組織のそこかしこに散らばる状態を作り出し、高い価値を常に生み出し続ける企業となることを掲げている。このゴールに向けたアクションとして、座学としての概論から始まり、実践版としてのトライアルプログラムまで用意している。更に、学ぶ対象者を組織におけるポジションにより層別し、立場に即した内容に組んでいる。

プログラムを通して育成する人材については、以下の3つのタイプを想定している（図表3-14）。

図表3-14 ▶ コニカミノルタ社がデザインシンキングを通して育成を目指す人財像

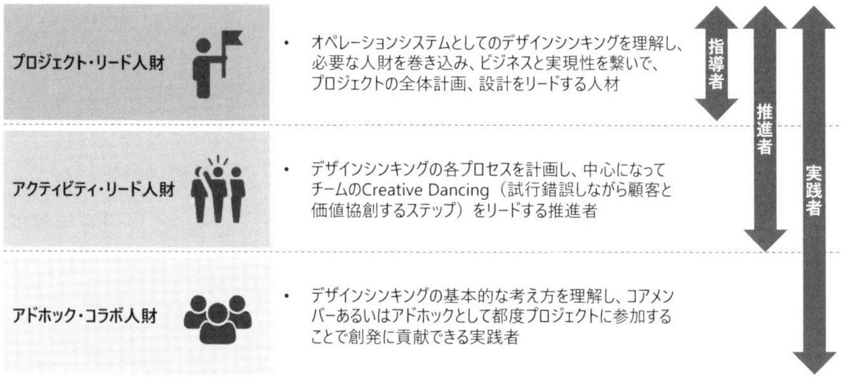

（出所）同社インタビューより作成

①指導者としてのプロジェクト・リード人財

オペレーションシステムとしてのデザインシンキングを理解し、必要な人財を巻き込み、ビジネスと実現性を繋いで、プロジェクトの全体計画、設計をリードする人材

②アクティビティ・リード人財

デザインシンキングの各プロセスを計画し、中心になってチームのCreative Dancing（試行錯誤しながら顧客と価値協創するステップ）をリードする推進者

③アドホック・コラボ人財

デザインシンキングの基本的な考え方を理解し、コアメンバーあるいはアドホックとして都度プロジェクトに参加することで創発に貢献できる実践者

デジタル時代のリーダー像である「ブリッジパーソン」は、まさにコニカミノルタがデザインシンキングを通して育成を目指す人財像と重なっている。このようにデザインシンキングを取り入れる上では、このアプローチを活用してどのような人財を育成したいのかを先に定義し、そこから具体的な育成方法、プログラムを考えていくことが重要である。

同社はデザインシンキングを単なるメソッドとしてではなく、創造のオペレーションシステムとして捉え、そのマインドセットともに取り入れるべきものと考えている。デザインシンキングにおけるマインドセットとは、「人中心」、「コラボレーション」、「フェイルファスト（速く失敗する）」、「トライアンドエラー」等を指し、他者に共感する「エンパシー」と自己を客観視する「メタ認知」は特に重要な要素である。

このようにメソッドとマインドセット両方をOSとして自社が持つことで、高い創造力とそれを可能にする企業文化の形成を目指すとしている（図表3-15）。

コニカミノルタがデザインシンキングに対し深い理解を示し、企業の変革期に有用なアプローチとして採用している背景には、経営者の想いが大きく

図表3-15 ▶ コニカミノルタのOS（オペレーションシステム）としてのデザインシンキング

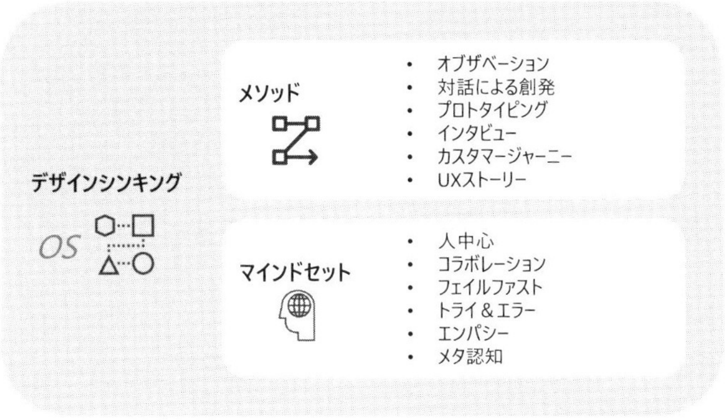

（出所）同社インタビューより作成

影響している。コニカミノルタの山名社長は、デザイン経営により製品を供給するのではなく社会課題に常に着目し、課題提起型カンパニーになることを宣言している。デザインシンキングを自社に取り入れる際には、経営トップの、改めて顧客視点に立ち自社を再定義しようという強いリーダーシップが欠かせない。

ここまで、デジタルビジネスの実践経験やデザインシンキングによって社員を「ブリッジパーソン」として活躍できるミドルリーダーに育成する手法を紹介してきた。しかし、これらの育成には少なくとも一定の期間が必要となる。今すぐにデジタルでの変革が求められている場合には、既存社員の育成だけでなく外部からの人材調達も視野に入れる必要がある。ダイキンでは自社の変革の一翼を担う大規模なプロジェクトの責任者に、社内の幹部候補社員ではなくベンチャー起業経験のある人物をブリッジパーソンとして外部から招聘した。

ブリッジパーソンを招聘するダイキン

ダイキンでは、近年同社のデジタル変革において象徴的なプロジェクトが始動している。

空間データの協創プラットフォーム「CRESNECT（クレスネクト）」の第一弾プロジェクト、「point 0 marunouchi（ポイントゼロ　マルノウチ）」である。「クレスネクト」とは、ダイキンがエアコンをはじめとする機器、各種センサーなどIoTを駆使して収集したデータを、各パートナー企業が持つデータ、ノウハウを蓄積して活用することで未来のオフィス空間にまつわる新たなサービスや価値を創出していくためのオープンデータプラットフォームである[12]（図表3-16）。

発起人のダイキンのほか、オカムラ、アサヒビール、パナソニック、ソフトバンク等、業界・企業規模を超えた17社（2020年4月現在）が参画している。その第一弾プロジェクトとして始まったのが、「未来のオフィス空間」を実現していくための会員型コワーキングスペース「point 0 marunouchi」である[13]（図表3-17）。

各社が持つデータやノウハウを融合し、AIやIoTを駆使して創り出した空間コンテンツを利用者に体感してもらうことで、健康で快適に働けるオフィス空間づくりに向けた実証を行う。例えば「音声に基づく感情分析」と「空間への香り噴霧」を組み合わせ、議論をスムーズに進められる会議室や、位置情報と連動し空調・照明・セキュリティが自動制御されるサービス等が取り入れられる。

「point 0 marunouchi」プロジェクトの円滑な運営を目的として、株式会社point 0が設立された。その代表取締役として招聘されたのが、石原隆広氏である。石原氏は大学卒業後、国内大手ERPベンチャーに入社しHR製品の開発・保守に携わった。その後フィンテックベンチャーを立ち上げ、5年間経営した経験がある。2017年にダイキンに入社し、「クレスネクト」に従事、2019年に株式会社point 0の代表取締役に就任した。

12　ダイキン工業プレスリリース（2018年2月21日）
13　ダイキン工業プレスリリース（2019年4月23日）

図表 3-16 ▶ 空気・空間のデータを活用した協創プラットフォーム『CRESNECT』

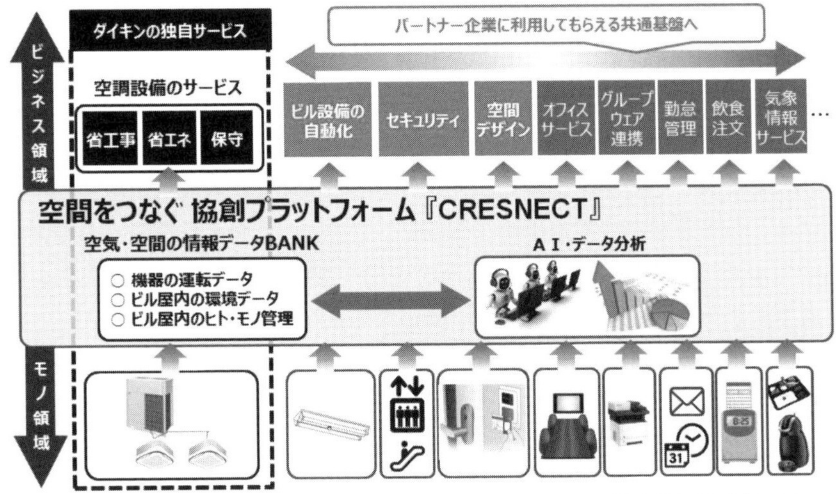

（出所）ダイキン工業プレスリリース

図表 3-17 ▶ point 0 marunouchi

（出所）ダイキン工業プレスリリース

ダイキンのデジタル変革の象徴的なプロジェクトである「クレスネクト」の先導役として、社内の幹部候補社員ではなく、Techベンチャーの経営経験のある石原氏を招聘したことは、まさに石原氏に「ブリッジパーソン」としての役割を期待した采配であったのではないだろうか。

前述の通り「クレスネクト」は、業種・企業規模の垣根を超えたコンソーシアムであり、そのプロジェクトメンバーは基本的には石原氏が各社に声掛けをし、各社を繋ぐことでチームを組成していった。参画を決めた各社の担当者の声の中にも、「石原氏の話ぶりから、一緒にやったらきっと面白いことができる、世の中にインパクトを出せるようなものが生み出せそうだ」という、石原氏個人の魅力に惹かれたという声もある[14]。ベンチャー企業の経営経験があるからこそ、確かな技術力はあるものの、大企業との繋がりが薄いベンチャー企業に対しても積極的に声掛けを行い、参画者を集めることに成功している。

「point 0」のゼロは「Fintech 2.0」や「Society 5.0」の「.0」に由来しており、「○○を再定義する、アップデートする」という意味合いが込められている。ダイキンという大企業を再定義するイノベーションをけん引する役割として、社内ではなく外部から人材を招聘したことからは、同社のデジタルによるイノベーションに対する本気度が伝わってくる。

3 秩序破壊のできる経営人材

デジタル時代に企業が抱える課題は「デジタルをどう取り入れるか、どう扱うか」だけではなく、顧客そのものの「志向性の変化」に対する適応もあげられる。多くのモノやサービスが日本国内だけでなく世界中にあふれ、し

14　コワーキングスペース「point 0 marunouchi」の存在意義――IoTで"働く"のアップデートを目指す『WORK MILL（クレスネクト参画企業オカムラによるWebマガジン）』2019年

かもそれがスマートフォンのワンタップによってすぐに購入でき、その日の夜には手元に届いている世界が当たり前になっている。

消費者・顧客は自ら何かを求めなくとも、自身が残したデータを企業が蓄積し、「これも欲しいのではないですか？」とレコメンドしてもらうことができる。生活に必要な製品、サービスは一定程度の水準を満たしており、もはや社会の中に明確な課題や問題がごろごろと転がっている状態ではない。そんな中で何を問題・課題と捉えて、「自社はどんな価値を顧客に提供するのか？」を模索することは、これまでの時代以上の難題となっている。

また、デジタル時代には、従来までの「産業」や「業界」といった枠組みまでもが変革されていく。破壊的イノベーションが次々と生まれ、既存企業を飲み込んでいく時代にあっては、企業は自社の事業を延長線上で改善していく持続的イノベーションだけでは生き残れない。カーシェアやライドシェア、自動運転技術の進化により、自動車業界の競合は、自動車メーカーではなく、Uber Technologiesなどのデジタルディスラプター（創造的破壊者）や、GoogleなどのIT企業となっている。トヨタの豊田章男社長は「モビリティをサービスとして提供するMaaS（Mobility as a Service）事業者へと変革しなければ生き残れない」と語っている。この言葉はまさに、トヨタ自動車という企業、その提供価値を再定義するという意気込みに他ならない。デジタル時代に求められる経営人材は、この自社の再定義を躊躇なく行うことができ、その過程の中で自社に根づいてきた「既存秩序」を破壊できる人材である。

自社の再定義という命題にあたっては、前述のデザインシンキングも有用である。自社の再定義は、「顧客の再定義」とも表現できる。「顧客の再定義」とは対象とする顧客セグメントを変えるということではなく、自社にとって一面的に捉えてきた「顧客像」を多面的に捉えなおすことを指す。デザインシンキングのファーストステップはまずは顧客をよく見つめ、何が真の課題なのかという「イシュー」を見極めることである。既存顧客を今までと同じ見方で正面から見つめ、その要求に応えていくだけでは、既存事業の

図表3-18 ▶ デザインシンキングによる顧客の再定義

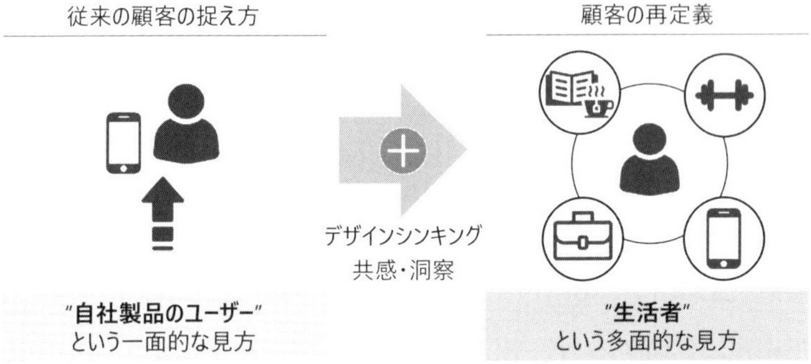

（出所）野村総合研究所

延長線のビジネスしか生まれることはない。顧客の様々な側面を見つめ、「生活者」として捉え、そこにまだ表面化していない「イシュー」を掘り起こすことが、デザインアプローチを使った自社の再定義のファーストステップである（図表3-18）。

外部人材の招聘による秩序破壊

自動車メーカーのフォードはまさにデザインシンキングを活用し、自社の変革を起こすことを目指している。フォードは2017年にオフィス家具メーカーのスチールケース社の元CEO、ジム・ハケット氏をCEOに任命した。ハケット氏は、スチールケース社にてデザインシンキングを活用し「顧客視点」での事業再生を主導した経歴を持つ。人類学者や社会学者を雇い、技術者たちとの対話を増やすことで、スチールケース社を伝統的なモノづくりのオフィス家具メーカーから、「オフィス空間のデザインによる課題提起型」企業へと変革させた。

ハケット氏は、デザインシンキングを一部のイノベーション創出チームだけでなく、フォード社全体へ浸透させるためのエコシステムの確立に力を入れている。その取り組みの一つが、「D-Ford」というデザインシンキング推

図表 3-19 ▶ CDO の外部招聘ケース

招聘企業	担当者（就任年）	主な経歴
三菱ケミカルホールディングス	岩野 和生 CDO （2017年） ※2020年4月1日付にて同社フェローに就任	● IBM東京基礎研究所所長、米国ワトソン研究所Autonomic Computing担当ディレクター、Emerging Business Opportunity担当執行役員などを歴任
SOMPOホールディングス	楢﨑 浩一 CDO （2016年）	● 三菱商事に入社後シリコンバレー駐在を経験 ● 現地で転職後、通算12年米シリコンバレーに住み5社のソフトウェアスタートアップで事業開発や経営に携わる
パーソルホールディングス	友澤 大輔 CDO （2019年）	● ベネッセ、ニフティ、リクルート、楽天、ヤフー等で勤務 ● ヤフーではマーケティング&コミュニケーション本部を新設
パナソニック コネクティッドソリューションズ社	榊原 洋 CDO 兼 CIO （2018年）	● ボストン コンサルティング グループ、アップル、米国マイクロソフト本社を経て、ベネッセホールディングスで事業変革を推進
三菱自動車工業	車 真佐夫 CIO （2016年） ※CDOの役割も担う	● ソニー入社、コンピューター部配属 ● 北アジア拠点（香港）のシニアマネージャーやヨーロッパ拠点のGMを歴任

（出所）各社プレスリリースより作成

進組織の設立である。「D-Ford」はデトロイト、ロンドン、パロアルト、上海にラボを持ち、グローバルメンバーの全員がデザインシンキングを学び、実際に活用できるようにすることで、これまでとは異なる意思決定や働き方を可能にすることをキーミッションに置いている[15]。ハケット氏は老舗企業のフォード社に根づく従来的な考え方をデザインシンキングによってアップデートし、フォード社の次の時代を切り開こうとしている。

フォードのようにCEOを他社から招聘するというのは日本企業にとってはハードルがやや高い。しかし、デジタル変革を担う経営人材を外部から招聘する例は、日本国内でも増えてきている。シリコンバレーでスタートアップを５社経験した楢﨑浩一氏をCDOに迎え入れたSOMPOホールディングスや、日本IBM、米国IBMを経た岩野和生氏をCDOに招聘した三菱ケミカルホールディングスがある（図表3-19）。

また社外からの招聘ではないが、デジタルにより変革を求められる銀行業

15　Iain Roberts "How Design is Driving Ford to Reimagine What a Car Company Can Be," The IDEO journal, December 5, 2019.

界でも、これまでとは異なる経営者が誕生している。三菱 UFJ フィナンシャル・グループはメガバンク初の理系出身社長として 2020 年 4 月に亀澤宏規氏を登用した。亀澤氏はデジタル分野に業界でもトップの知見を持つ。2017 年には同社に新設された「CDTO（チーフ・デジタル・トランスフォーメーション・オフィサー）」を担当した。フィンテック分野のスタートアップ企業との関係が深いことも亀澤氏の特徴である。

三菱 UFJ フィナンシャル・グループはシンガポールに本社を置く東南アジアの配車最大手、グラブ社に最大 800 億円を出資して資本業務提携することを 2020 年 2 月に発表した[16]。グラブは企業価値が 100 億ドルを超える世界有数のスタートアップであり、その 1 億 8000 万超の顧客基盤を活用し、スマートフォンアプリによる融資や保険の事業を共同で展開する計画である。海外のスタートアップに対してこのような大規模の投資を実施することはメガバンクとしては異例であり、この投資案件を率いたのも亀澤氏である。

メガバンクでは、経営トップに就くためのキャリアパスが暗黙のうちに固定化されてきた側面もあっただろう。そのパスと異なる思い切った人事を行った背景には、デジタル時代に自社を再定義していく上では、既存ビジネスを創造的に破壊できるトップが必要という危機感があったのだと推察できる。

これまでとは異なる経営人材が必要となった場合には、今の若手・中堅世代をどう経営人材に育てていくかという育成方法も変革が必要になる。創立当時からデジタルビジネスを主軸とし、人材育成に経営トップ自ら力を注いでいるサイバーエージェントからは、デジタル時代の経営人材育成について多くの示唆を得ることができる。

サイバーエージェントの経営人材育成方法

サイバーエージェントはインターネット広告事業、メディア事業、ゲーム

16　同社プレスリリース（2020年2月25日）

事業を中心とした事業を展開しており、設立からは約20年が経ち、従業員は現在5,000名を超えている。従業員の約8割が20代～30代という若手中心の企業ではあるが、だからこそ若手からの経営人材育成にはこだわりを持つ。人事管轄執行役員である石田裕子氏は、同社の経営人材育成の最も根幹にあるものは「リスクテイクできる人材を育てる」という価値観であると語っている[17]。

リスクテイクできる経営人材の育成

石田氏が語った人材育成の基本スタンスは様々な人事施策として表れている。特に代表的な施策としてあげられるのは「新卒社長」と呼ばれる抜擢人事である。サイバーエージェントは多くの子会社を持つが、その子会社の社長に入社間もない若手、ないしは内定者を社長に抜擢するという人材戦略を推進している。必ずしも本人が事業を企画・開発した場合だけでなく、抜擢する「ヒト」を決めてから事業を当てはめていくという運用もされている。

子会社の社長に抜擢されると、事業の運営はもちろん、子会社の人材調達も社長自らが行う。法務や経理、広報といったバックオフィスのサポートは本社が行い、新卒社長が自らの事業に集中できるよう環境を整えている（図表3-20）。新卒社長への抜擢によって得られる経験は、「決断経験」である。「どれだけリスクテイクできるようになるかは、若いうちにどれだけの回数の決断をしてきたか、どれだけの金額に対して決断をしてきたかが重要である」と石田氏は語る。石田氏は自身も2社子会社の社長を務めた経験を持つが、自身の経験からもいかに思い切った意思決定ができるかが大切であると語っている。

事業の撤退基準についても明確なルールを設けており、この「新卒社長」制度の円滑な運用の一翼を担っている。そのルールが「CAJJプログラム」「スタートアップJJJ」という制度である[18]（図表3-21）。

17　同社インタビュー
18　同社2019年統合報告書

図表3-20 ▶ 新卒社長に対するフォローアップ方法

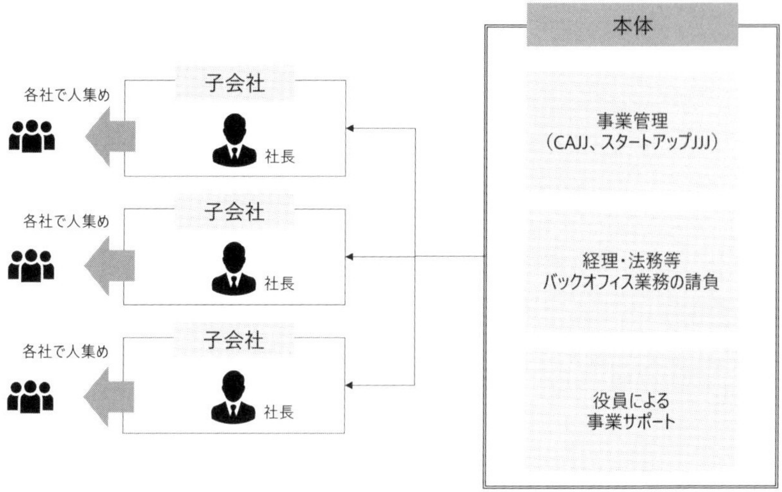

（出所）同社インタビューより作成

「CAJJプログラム」は「サイバーエージェント（CyberAgent）事業（Jigyo）人材（Jinzai）育成プログラム」という意味を持ち、営業利益によって事業をJ1～J3にランク付けし、２四半期連続で減収減益になった場合には事業撤退もしくは責任者の交代といったアクションをとる制度である。月に一度CAJJプログラムに所属するすべての子会社や事業を集めた会議を開催し、グループ内シナジーの強化やリスク管理の横展開などを促進している。

もう一つの「スタートアップJJJ」は「新規事業（Jigyo）人材（Jinzai）時価総額（Jikasougaku）育成プログラム」という意味を持つ。原則設立２年以内で収益化していないスタートアップ事業を対象としており、CAJJが営業利益であるのに対し「時価総額」で各事業や子会社をランク付けする。この時価総額は取締役会で決定される。スタートアップJJJでは、時価総額１億円未満の状態が６四半期（１年半）連続で続く場合や粗利益が３四半期連続で減少する場合には事業撤退させるというルールを持っている。

図表 3-21 ▶ サイバーエージェントの事業管理制度

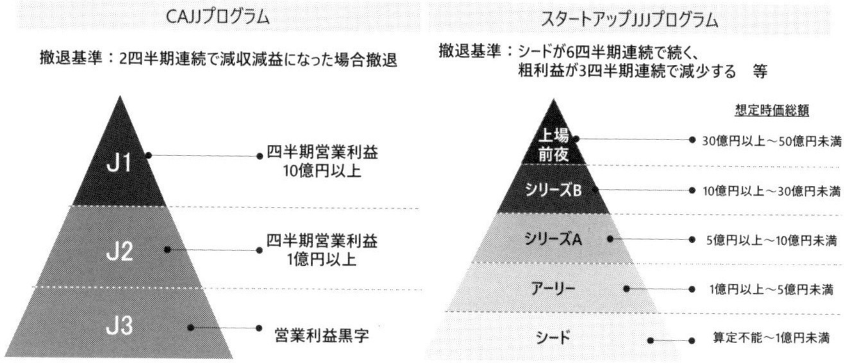

（出所）同社 2019 年統合報告書より作成

このような明確な撤退基準を持つことで、新規事業や子会社設立に対して本社としてもリスクを取りやすい環境を整えている。同社のミッションステートメントの中には、「挑戦した敗者にはセカンドチャンスを」というものがある。このステートメント通り、一度事業を撤退させた新卒社長についても、別の子会社の社長や、新規事業の事業責任者に抜擢する等、セカンドチャンスを用意することを意識して行っている。石田氏は「実際に失敗してもセカンドチャンスがあるという事例をとにかく作ることが重要」と語っている。

このほかの抜擢人事施策として、CA8、CA18 制度がある（2018 年に廃止済み）。CA8 は取締役の人数を 8 名とし、そのうち 2 名を 2 年に一度交代させるという制度である（図表 3-22）。役員交代の際には若手社員も抜擢され、なるべく多くの社員に若手のうちから経営目線を経験させ、組織の活性化や若手にキャリアパスを開示することを目的としていた。2018 年に制度が廃止されるまで 10 名の役員の入れ替わりが行われた。CA8 に執行役員 10 名を加えさらに交代する人員の幅を広げたのが CA18 である。

この制度を導入した背景にも、リスクテイクできる人材を育てるという基

図表 3-22 ▶ CA8 制度

- 取締役を8名とし、2年に1度2名ずつ取締役を入れ替える
- 降格ではなく、キャリアパスの一環という位置づけ。一度CA8から外れて、再度任用されるケースもある

※2018年度に制度廃止

【狙い】
- なるべく多くの社員に、若手のうちから経営目線を経験させる
- 取締役の緊張感醸成

（出所）同社インタビューより作成

本理念がある。「ポジションが人を育てるという考え方が浸透している。満を持してというわけでなくとも、実力が伴っていなくとも、抜擢機会を与えることで人は成長する。」と石田氏は語る。なお、当制度については導入目的である組織の活性化や若手へのキャリアパス開示が十分に達成されたと判断され、2018年に廃止されている[19]。

このような抜擢人事を行う際には、各社員がどのような働きぶりをしていて、本人のチャレンジ意欲や現在の課題は何なのか、という情報を人事部門だけでなく経営層までもが把握しておく必要がある。同社はこの情報の把握ツールとして独自に開発した「Geppo（ゲッポウ）」と呼ばれる、いわゆるパルスサーベイ（短期的なサイクルで行うことでリアルタイムの実状を把握することを目的とした従業員意識調査方法）を毎月行っている。その中では各社員の今の状態を「晴れ、曇り、雨」で表現してもらい、基本事項のほかに「現在チャレンジしたいこと」等、本人の意欲をコメントで任意で記入し

19 同社インタビュー

てもらう。人事部門はそのコメントを細かくチェックし、経営層や各事業部に向けて意欲のあるトップ社員を常に可視化できるような状態にしている。

デジタル人材とビジネス人材の共存組織

前述の新卒社長制度はリスクテイクできる人材の育成以外に、デジタルとビジネスを繋ぐブリッジパーソンの育成にも役立っている。同社はデジタルビジネスが本事業であるため、当たり前のようにデジタルを使ったビジネスの開発・推進が求められている。

石田氏は子会社社長時代に苦労したことの一つとして、IT エンジニア（IT 系デジタル人材）とビジネス人材を同じチームでマネジメントしていくことをあげている。石田氏は当時、サイバーエージェントの藤田晋社長から「IT エンジニアに遠慮しすぎている。もっと大胆にやってくれ。」という激励を受けたという。石田氏自身がビジネス系のキャリアを歩んできたこともあり、自分の知らない分野を担当している IT エンジニアには一歩引いてしまっていたという反省もあり、藤田社長の言葉を受けてからは同じビジョンを掲げるチームとして、デジタルとビジネスの線引きをなくすよう工夫をしたという。

サイバーエージェントでは、子会社社長でなくとも IT エンジニアとビジネス人材を一緒にまとめてマネジメントするスキルが必要となる。その理由は、同社の組織体系そのものがエンジニアとビジネス人材を混在させた体系となっているからである（図表 3-23）。

多くの企業では、デジタル系の人材は「デジタル開発事業部」や「DX 推進部」あるいは「情報システム部門」等、一つの組織にまとめられ、その他の部署にビジネス系の人材がいるという構造をとっているケースが多い。しかし同社ではプロダクト・サービスベースでの組織体制を採用しているため、必然的に同じ組織の中にフロント営業を行うビジネス系の人材と実際にデジタルや IT でモノづくりをする IT エンジニアが共存することとなる。これらの組織をマネジメントするのは、ビジネス系の人材の場合もあれば、IT

図表3-23 ▶ サイバーエージェントの組織体制

ビジネス人材とITエンジニアが混在する組織を前提としたマネジメントが求められる

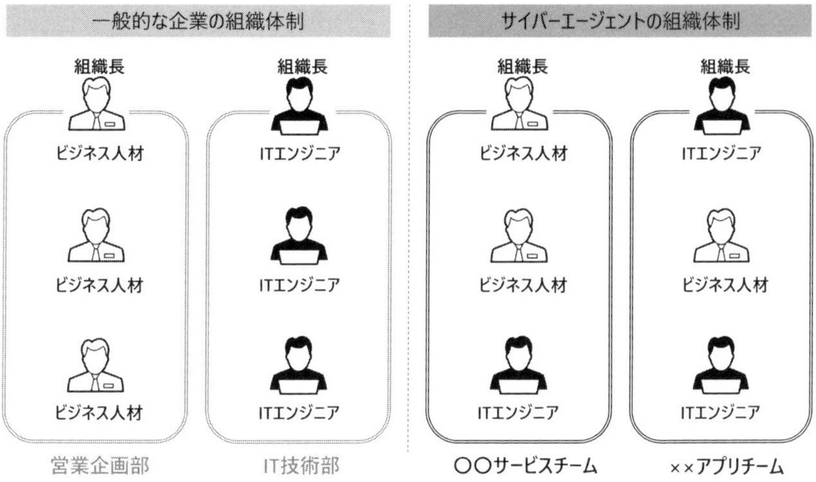

（出所）同社インタビューより作成

エンジニアの場合もある。これは創業当初から藤田社長が意識して行ってきた組織編制ではないかと石田氏は推測する。

同社はインターネット広告事業会社として設立されたが、スマートフォンの普及をきっかけにスマホ向けサービス事業の開発にもいち早く舵を切った。その企業転換の際には、スマホ向けサービスを100個作る、というようなハイスピードでの新規事業開発が行われたが、このように、ITエンジニアとビジネス人材が「ワンチーム」となった事業推進が効果を発揮した。

技術人事本部による横串機能

一つの組織の中にITエンジニアとビジネス人材が混在しており、組織長がそのどちらかの出身であった場合には、チームメンバーの全員に対して適切な評価や処遇が行えるかという問題が出てくる。そのための工夫として、同社ではITの技術・スキルを熟知する「技術人事本部」が横串機能を果た

図表 3-24 ▶ サイバーエージェントにおける技術人事本部の横串機能

ITの専門スキルを熟知した技術人事本部がチーム横断の横串機能を担い、適切な評価・処遇を実現している

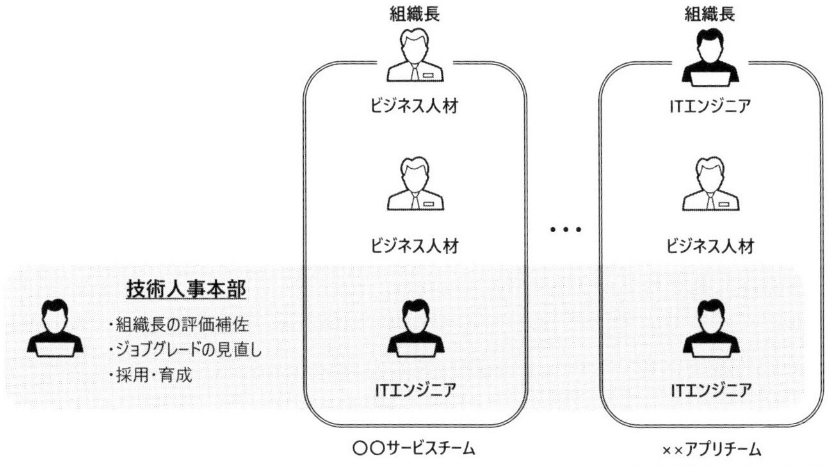

（出所）同社インタビューより作成

している[20]（図表3-24）。

現場の組織長も評価を行うが、ITエンジニアに対しては、この技術人事本部も加わって専門スキル・知識的な視点からも各メンバーの評価を行う。評価の際には、スキルベースで各職種を１～21のグレードに分けたジョブグレードを基にしながら、技術・スキルだけでなく、チームにどの程度貢献したかという組織貢献等の側面も合わせて評価を行っている。

このようなジョブグレードも技術人事本部によって、市場動向に合わせてアップデートされる。具体的には、技術の専門性に長けた技術人事本部が、そのときどきに合わせた市場価値や動向を適切にくみ取り、どのような人材が今のサイバーエージェントに必要かという予測をしながら、エンジニアの採用から育成までを一気通貫で行えるよう、綿密な計画を立てている。

20　同社インタビュー

「あした会議」による事業部発信の人材育成施策

前述の通り、CA8やCA18等、サイバーエージェントでは様々な革新的な人事施策を打っては、その改廃・チューニングを頻繁に行っている。事業や会社の向いている方向に合わせて機動的に制度を創出・改廃している。これを可能にしているのは、役員同士で施策・新規事業の提案を争わせる「あした会議」の存在である。

この「あした会議」では、担当役員は自身の担当領域以外での社内施策や新規事業の提案をしなければならない。しかもその提案は藤田社長によって順位付けをされ、社内に公開されるため、全員が真剣に取り組み、質の高い提案が次々と生まれている。革新的な人事制度も、この「あした会議」で生まれたものも多いという。

人事部門主導ではなく、事業部主導での人材育成や、現場の実態に即した制度が生まれるのはこのためである。会社の向かうべき方向や事業のビジョンに合わせた人材育成・人事制度を生むためには、事業部の関与が欠かせないということもサイバーエージェントから得られる示唆である。

4　デジタルトランスフォーメーションの下地づくり

時代を捉えデジタルビジネスやデジタルによる業務改革へと舵を切ろうとしても、実際にビジネスを行う現場の大多数の社員が同じ方向を向いていない場合には、デジタル化はうまくいかない。デジタルを理解できる・扱える人材を社内に増やしていくことは、デジタルトランスフォーメーションを実現する下地としての組織風土づくりの意味を持つ。

しかし、既述の通りIoT、AI人材は日本国内全体で不足しており、一定の人員数を外部からの調達・採用のみで確保することは限界がある。そのために、社内の既存社員に対する教育・育成により人材を確保する方針を打ち

図表3-25 ▶ AI人材育成の取り組み

企業名	デジタル人材育成の強化方針
パナソニック	● 2020年内に、1,000人のAI人材を育成する計画
日立製作所	● 2021年度までに、データサイエンティスト3,000人を育成する計画 ● デジタル人材育成のために「日立アカデミー」を設立
NEC	● 2020年度までに、AIに関わる中核的な人材を1,000人に増やす計画（2018年度の1.4倍） ● AI人材育成プログラム「NEC アカデミー for AI」を開講
ダイキン工業	● 2021年度末までに、AI人材を1,000人育成する計画 ● 社内向けに2年コースの「ダイキン情報技術大学」を開校

（出所）各社プレスリリース、インタビューより作成

出している企業も多い。

パナソニックは2020年内に1,000人のAI人材を育成することを掲げている[21]。NECでは2020年度までにDX専門部隊を2,000人、AIに関わる中核的な人材を1,000人に増やす計画である[22]。日立製作所は2021年度までにデータサイエンティスト3,000人を育成する計画である[23]。また同社ではデジタル人材育成のために日立グループの3つの研修会社を統合して「日立アカデミー」を設立した（図表3-25）。

このようなAI育成は主には若手人材を対象として行われることが多い。しかし、重要なのは若手人材だけでなく全社員対象の育成・再教育（リスキル）である。既存事業がデジタルとそれほど関連していない企業では、一部の人材をデジタル人材へと育成しても、その上に立つヒトがデジタルを理解し、扱えるヒトでなければ、せっかくの取り組みも功を奏さない。特に年功序列的な組織では、既存事業を知り尽くし、昔ながらのやり方を正義とする

21　新井稔也、山田和宏「パナソニックにおけるAI人材強化」『パナソニック技報』Vol.64 No.1（2018年5月）

22　NECプレスリリース2019年3月8日、インタビュー

23　日立製作所プレスリリース2018年6月21日

図表 3-26 ▶ デジタルビジネスの推進主体

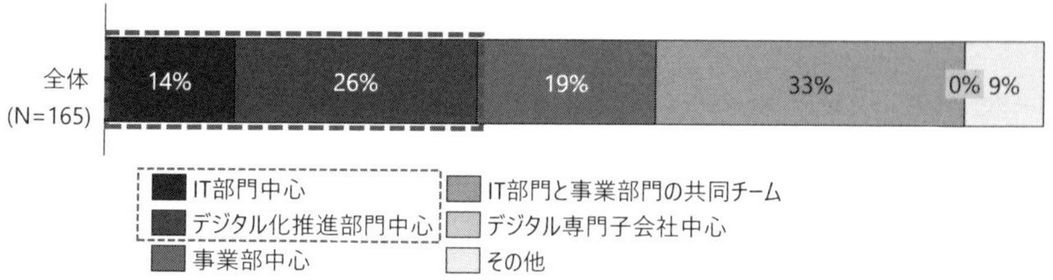

（出所）JUAS・野村総合研究所「デジタル化の取り組みに関する調査」2019 年より作成

ベテランと、デジタルを教育され、デジタルでビジネスを作っていこうとする若手の間でコンフリクトが生まれることも不思議ではないだろう。

また、多くの企業では「デジタルビジネス推進室」「DX 革新部門」のような名称で、デジタルビジネスを推進する組織を設置することも多い。JUAS-NRI 共同調査によると、約 40％の企業が「デジタルビジネスの推進主体は、デジタル化推進部または IT 部門である」と回答している（図表 3-26）。しかし、デジタル化専門組織や IT 部門と、既存の事業部門がうまく連携できないというケースも多い。組織が分かれることによって、デジタルで変革をしようとする組織と、昔ながらのやり方で既存事業を拡大していこうとする組織の歩調が合わず、コンフリクトが生まれる。

コンフリクトはお互いを十分に理解しない、理解しようとしないことによる「無知」や「恐れ」から生まれる。今までの成功体験を外れた仕事の進め方や、経験のない方法でビジネスを作り出すことは確かに恐怖である。しかも自分が責任のある役割についているベテラン層にとってはなおさらである。しかし、このような「恐れ」にとらわれていては企業としての変革を起こすことは当然不可能である。社員の抱えるデジタルへの「恐れ」を取り除くためには、一部の社員だけでなく、全社員に対して「デジタルを知る」機会を与えることが重要である。年代・部門を超えてコンフリクトを解消していくことで、デジタルトランスフォーメーションを実行できる下地づくりが整う。

全社員を対象とした AI 教育のために、大規模な投資を行い、自社の変革への道筋を開いている事例として、ダイキン工業の取り組みを紹介したい。

ダイキンの全社員向け AI 教育制度

ダイキンは空調機、空調製品メーカーとしてグローバルに展開し、まさにこの業界をリードしてきた。2019 年度は 10 期連続の増収、かつ、7 期連続で過去最高の売上高を更新し、現在世界 150 カ国以上で事業を展開している。同社は創業 1924 年と歴史の長い企業であるが、近年そのビジネスモデルを大きく変容しようとしている。

戦略経営計画「FUSION20」では、重点戦略テーマとして「IoT、AI 技術を活用した空調ソリューション事業の加速」をあげている。この背景には、センサ技術、IoT、AI、ビッグデータ解析技術の急速な進歩とそれらによるビジネスモデルの変化がある。同社は、空調分野で機器開発、製造・販売、アフターサービスまでを自社で行う、世界を代表するモノづくり企業であるが、現在は IoT、AI を活用したソリューション企業へと事業領域を拡大している。

2015 年には異業種・異分野の企業・大学、研究機関との連携による「協創」を目指し、「テクノロジー・イノベーションセンター（以下 TIC）」を設立した。この設立の目的として、協創イノベーションを通じた「コトづくり」の実現をあげている。まさに「モノづくり」の会社が「＋コトづくり」の会社へと変貌するエンジンとなるセンターである。

TIC では様々な大学との産学連携の取り組みを行っている。そのうちの一つに東京大学との「産学協創協定」がある。この協定は「空気の価値化」を軸に、両組織の包括的な共同研究および人材交流、東京大学関連ベンチャーとの協業を高度なレベルで推進するために締結された。産学連携により、理学、工学、農学、社会学…等の学際的な幅広い分野の知見を合わせ、「空気の未来ビジョン」についての議論やダイキンの技術課題解決を目指した共同研究が行われる。AI を用いた機器の故障予知技術、高性能な臭気センシング技術等、両者の専門性・技術力を掛け合わせイノベーションの創出

図表 3-27 ▶ ダイキン工業と主要大学の連携

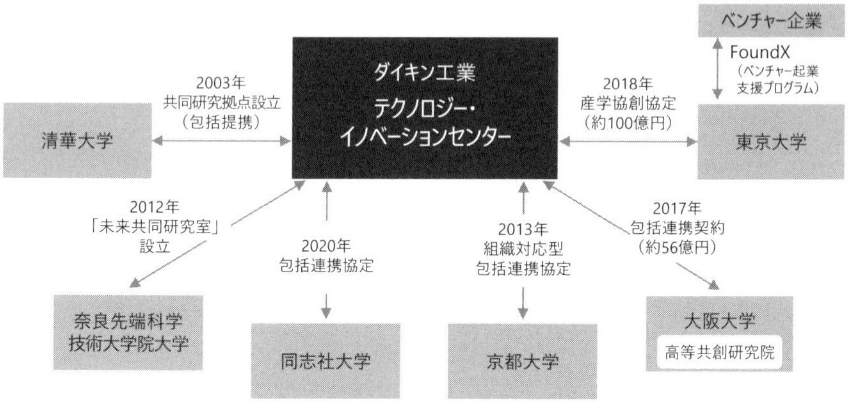

（出所）ダイキン工業、東京大学、大阪大学プレスリリースより作成

を目指す。

また、東京大学は設立間もないベンチャー企業や起業を目指す東京大学の卒業生、研究者、学生向け起業支援プログラム「FoundX（ファウンドエックス）」を開設した。この協賛企業の一社としてダイキンも参画し、起業家が集う場にダイキンの若手技術者を駐在させている。この東京大学との協定の期間は10年間、拠出する資金は100億円規模とかなり大がかりである。

このようにダイキンはTICを通し多種多様な取り組みでイノベーションを創出しようとしている（図表3-27）。

その中でも目を引く取り組みが、「ダイキン情報技術大学」の設立だ[24]。ダイキン情報技術大学は2017年に大阪大学との情報科学分野を中心とした包括連携契約に基づき、TIC内に開校された。AIを用いた技術開発や事業開発を担える人材の育成を目的としており、週に1回の大阪大学教授によるAIの基礎知識に関する講義を6カ月間用意している。この講義の中では、

24 ダイキン工業プレスリリース（2017年12月5日）

数学の基礎知識からプログラミング、機械学習、AI応用までを取り扱う。その後実際の部門課題を取り入れたデータ解析の演習を3カ月行う、計9カ月間のプログラムである。単に座学によってAIに関する知識を詰め込むだけでなく、自社のビジネスにどのように取り入れていくのか、応用していくのかを意識しながら学習することを促している。

ダイキン情報技術大学では以下の3種類の人材を育成することを目指しており、このプログラムには情報系技術者のほか、機械系・電気系の技術者、空調事業や化学事業、コーポレート部門の企画担当者まで幅広い部門の中から、20代～40代の社員が選抜され参加している。

① AI技術開発人材：AIの導入により社内課題を解決する筋道を描ける人材

②システム開発人材：実際にAIのシステムを開発できる人材

③ AI活用人材：AIを活用した新たな事業展開を企画できる人材

ダイキンはこのダイキン情報技術大学を通して100名程度だったAI人材を、2020年までに約700名、2021年度末には1,000人を育成することを目標としている。このプログラムを受講する社員は日々の業務と並行して学習を進めることになるが、2018年には18年度に定期採用した新入社員のうち100人に対してダイキン情報技術大学でのプログラムを含めた2年間のAI人材育成プログラムを開始した。この取り組みの特徴は、この100人の新入社員は入社してから2年間は業務を行わずにAI分野の学習に専念させることである。1年目はダイキン情報技術大学のプログラムを受講し、2年目は現場に仮配属し、学んだAIを活用して業務プロセスの改善を実際に行ってもらう。現在は対象を20代～40代としているが、将来的にはこの取り組みを管理職や役員を含め全社員に広げることを目指している。

同社では若手だけでなくベテラン層・経営層のリスキルも重要視しており、2018年度には管理職を対象にAI基礎知識の習得とIT人材のマネジメントに関する研修を実施し、全6回で合計160人が受講している（図表3-28）。

ハード機械のメーカーがここまでの大規模投資を行い、一部の技術者、選

図表 3-28 ▶ ダイキン情報技術大学における AI 人材育成の取り組み

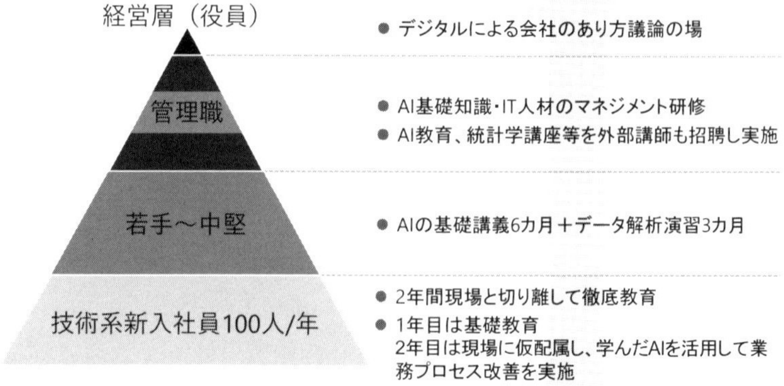

（出所）同社インタビューより作成

抜された数十人への育成ではなく、全社員を対象に IoT、AI 人材の育成を行っていることが特筆される。デジタル化に向けて企業としてのあり方を変えていくためには、若手層から幹部層まですべての階層を巻き込んだ働きかけが不可欠である。

また、AI 技術力の強化を全社的な重点施策としておき、既存技術者のスキルチェンジに向けて育成体系を整える企業も存在する。2022 年までに AI 人材を 1,000 人に増やすことを掲げているパナソニックである。

パナソニックの AI 人材育成プログラム

パナソニックでは 2015 年から 2025 年までの事業成長に必要な重要技術の一つとして AI 技術が選定された。同社のビジネスは AI 技術との親和性が高い。ロボット掃除機に AI による物体認識・状況判断技術を活用することや、住宅分野での見守りと機器の制御に AI 技術を活用することも考えられる。同社には元々、ハード特性を理解してシステム実装できるような専門性の高い技術者が多数存在している。このような技術者が AI を活用できるよ

図表 3-29 ▶ パナソニックのAI人材育成プログラム

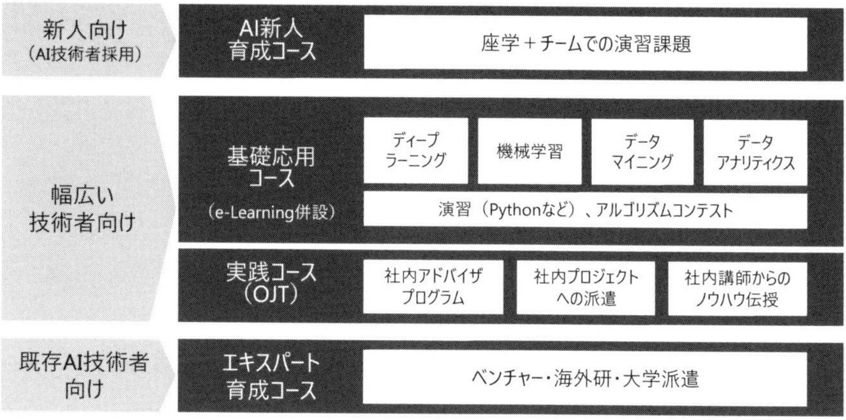

（注）Python（パイソン）：汎用プログラミング言語
（出所）新井、山田「パナソニックにおけるAI人材強化」『パナソニック技報』Vol.64 No.1（2018年5月）より作成

うになるために、スキルチェンジに重点を置いた社内研修プログラムを立ち上げた（2018年時点）[25]。実務レベルでAI技術を活用できる人材の開発を目的としながらも、様々な技術者がAI関連の基礎理論や適用すべき手法の見極めノウハウを習得することができるよう、プログラムは、図のようなレベル分けがなされている（図表3-29）。

AI人材育成プログラムは、「基礎・応用コース」から、実テーマ・実データ持ち込み型の「実践コース（OJT）」が用意されている。また新入社員向けには「AI新人育成のコース」やすでに社内有数レベルの高い専門性を持つ技術者向けの「エキスパート育成コース」も用意されている。講師には大学教授やベンチャーからの社外講師を呼び、最先端の内容となっている。また座学で基礎理論を学ぶだけでなく、実際に手を動かすことで現場での活用に繋がるプログラムも実施されている。

25　新井、山田「パナソニックにおけるAI人材強化」『パナソニック技報』Vol.64 No.1（2018年5月）

基礎・応用コースの集合研修は、ディープラーニング、機械学習、データマイニング、データアナリティクスの4コースであり、それぞれのコースはeラーニングも用意されている。実践コース（OJT）は基礎・応用コースを修了した社員のうちから選抜し、AI技術リーダーを育てるためのプログラムである。そのため、各現場ニーズに応じたプログラムとなっている。具体的には、社内エキスパートによるアドバイザプログラム、社内のAI関連プロジェクトへの派遣、社内事例から社内講師が知見・ノウハウを伝授する実践プログラムなどである。AI新人育成コースは、AI技術者として採用された新入社員に対して用意されたプログラムであり、座学のほかに、最先端のコンピュータビジョンやAI制御を活用する機会として、演習課題にチームでチャレンジする内容になっている。既に一定程度のスキルを有している社内のAI技術者に対しては、世界トップレベルの技術を獲得・維持できるよう、ベンチャー・海外研究機関・海外大学への派遣が可能なスキームも用意されている。

このようなプログラムを受けた社員は、現場に戻ると主にデータ分析や知覚・認識処理においてAI技術を実際に活用している。活用事例のうち、事業部での実績が3分の1を占めており、同社のプログラムが現場ニーズに即したものであることがわかる。

プログラム終了後も、受講した社員が現場でAIを活用し開発プロジェクトのリーダーとして活躍することで、周囲の社員に対しOJTによりAI活用のノウハウを伝承している。また同社は今後の展望として、AI開発マネジメントやAIビジネス構築のノウハウなど、管理者・リーダー層向けコースを構築することで、全社としてAI活用に向けた組織力の強化を進めていくとしている。

デジタル人材を社内に増やすという観点で言えば、アクハイア（人材獲得目的のM&A）という手法もある。また、デジタルビジネスを単発的に生み出していくという観点で言えばオープンイノベーションや産学連携も有効であろう。しかし、それらの手法によって既存の非デジタル人材とのコンフリクトが生まれることも否定できない。なによりも、自社をデジタルで変革していくという観点で言えば、自社内に抱える多くの非デジタル人材に対するリスキルを含め、全社大での意識変革は避けて通れない。

デジタルトランスフォーメーションを実現するには、デジタルとビジネスを繋げるブリッジパーソンや、既存秩序を破壊でき、リスクテイクできる経営人材が必要である。このような人材は、既存のゼネラリスト育成方法では育たない。自社が目指すべき姿や中長期の経営戦略を見据えて人材像をブレークダウンし、必要なスキルや機会付与について人事部門だけでなく経営層を巻き込んだ計画づくりが必要である。

機会付与が自社内で不可能な場合には他社への派遣という方法も存在する。また、新卒を一から育てるだけでなく、このデジタルビジネスのスピード感の中では、既にスキルを有した外部人材の獲得も視野に入れる必要がある。ダイキンのような有望な人材の一本釣りもあれば、リファラルにて価値観の合致しやすい人材を採用することも方法の一つであろう。しかしこのように優秀な少数の人材を育成・獲得しても、大半の社員がデジタルに適用しない人材であっては、組織風土としてデジタルビジネスは生まれにくい。最後に述べたデジタルトランスフォーメーションの下地づくりというのは、何よりもまず優先して実施すべき施策である。

第4章

デジタルトランスフォーメーションを支える処遇制度

第３章では、デジタルトランスフォーメーションを推し進めるために必要な人材像や、求められる組織のあり方について事例を踏まえて論じてきた。しかし、必要とされる人材の獲得・定着のためには、人材マネジメントのオペレーションシステム（OS）、すなわち人事処遇の基盤となる報酬・評価制度の具体的な整備・改革が求められる。本章では、実際に人材を獲得し、動機づけし、定着させるという観点から、どのように整備すべきなのかを考えてみたい。

1 外部市場価値を意識した報酬制度

部長クラスと同額水準で処遇できるか

デジタルによって新しい価値を生み出し、新たなビジネスモデルの創造を進める、あるいは抜本的な業務プロセスを改革するためには、それらを担える人材を獲得し動機づけを行い、リテンションするために必要な処遇について、頭を悩ませることになる。図表 4-1 は、必ずしもすべてのデジタル人材を網羅しているわけではないが、いわゆるトップデジタル人材と呼ばれる職種の年収を、アジア各国別に比較したものである（図表 4-1）。

日本国内の転職の成約実績ベースでは、希少職種と言われるデータサイエンティストで 1,200 万円、サイバーセキュリティコンサルタントでは 1,300 万円ほどの年収水準となっている。こうした水準であっても、より高額な賃金水準となっている中国や香港と比較するとデジタル人材獲得競争は劣勢であることがわかる。

厚生労働省の統計によると、企業規模 1,000 名以上の企業の部長クラスの平均年収が 1,247 万円／年であるため、1,200 ～ 1,300 万円は日本企業で言えば大手企業の部長クラスと言える[1]。デジタル人材の外部からの獲得に当たっては、そうした幹部クラスの年収水準を支払うことも念頭に置いた採用

図表 4-1 ▶ トップ IT 人材の年収比較（ヘイズ社での成約実績ベース）

大企業の部長クラスと同等以上の年収水準の職種もめずらしくない

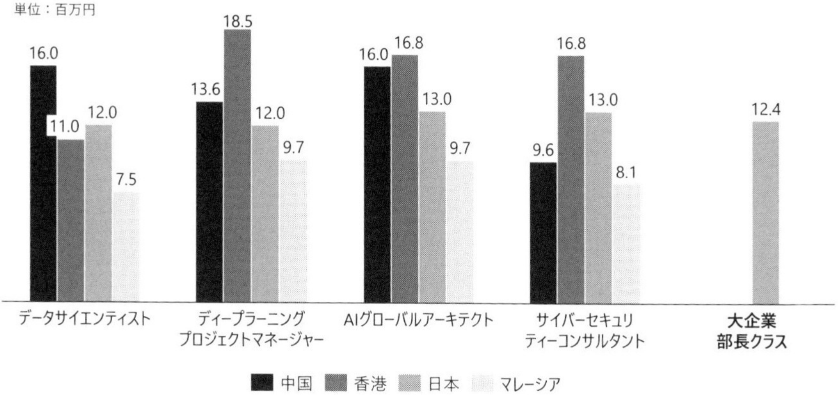

（注）最大給与で比較。1人民元＝16円 1HKドル＝14円 1マレーシアリンギット＝27円で計算。研究開発部長（製薬）はボーナスを含まない。それ以外はパッケージの全てを含む。大企業部長クラスは、企業規模1,000名以上の部長クラスの平均年収を採用（厚生労働省「2018〔平成30〕年賃金構造基本統計調査」産業計、男女計）

（出所）ヘイズ・スペシャリスト・リクルートメント・ジャパン株式会社、プレスリリース、2020年2月18日および厚生労働省「賃金構造基本統計調査」2018〔平成30〕年より作成

力強化が求められている。また、経済産業省の試算では、2030年にIT人材が約45万人不足する、という予測もある[2]。ただでさえ争奪戦となっているIT人材だが、近年の各企業のデジタル化に向けた人材強化や、2025年の壁問題などにより、従来IT専業企業に属していた人材が、業種の垣根を越えて流動するようになると、人材争奪戦はさらに熾烈なものとなろう。

人材の確保には、処遇がすべてではないが、その人材にいくら支払うのかという報酬面が重要な要素の1つであることは第2章で前述した通りである。以降、まずはデジタル人材の獲得に必要な処遇の考え方について、最新の事例を踏まえつつ、特に企業が実践しようとする際に直面する壁を越えるための制度設計のあり方について述べる。

1　厚生労働省「賃金構造基本統計調査」2018（平成30）年
2　経済産業省「IT人材需給に関する調査（概要）」2019（平成31）年

当然のことながら、具体的に求められるデジタル人材といっても、その職種は会社によって、また企業が強化したい事業のステージに応じて多種多様である。ひとくくりに語ることは難しいが、デジタル人材は、いわゆる従来型の職能型人事制度（純日本型人材マネジメント）に基づく報酬制度では獲得そのものが難しい。報酬水準面において前述のような水準を支払うことは、これまでの社内の給与水準の序列を留意する必要があるために、既存人材との整合性が取りづらいためである。

特に誰もが知っているような大企業や歴史のある企業では、社内の人脈や、その会社で求められる職務遂行能力の高さ、そして既存事業を大きくしてきた実績や経営基盤を整備してきた会社への貢献等に基づく、社内市場価値に応じた序列が存在する。そして、培ってきた社内の序列は、会社がそれまでに重視してきた大切な価値観や組織風土を反映したものになっている。こういう実績を上げた人材がキャリアアップし、高額の報酬を得る、と社内に認知され、ロイヤリティーが醸成され一体感が高まることで組織力が強化される、これが日本型人材マネジメントモデルである。これには一定の納得性があるため、そのものを否定することはできない。

しかしながら、社内市場価値に応じた序列づけは、デジタル時代に求められるような外部からの人材の獲得や、機動的な意思決定、そして柔軟な人材登用・配置等には阻害要因となる。実は既に過去から培ってきた社内の序列を見直す動きは伝統的な日本企業においても始まっており、例えばトヨタ自動車はこうした課題に対応すべく、2019年に人事制度を大きく刷新し、役員や上位の管理職のフラット化を行っている。

社内序列を崩したトヨタの幹部職制度

トヨタが実施した管理職のフラット化については、常務役員、常務理事に加え、従来基幹職と呼ばれていた管理職層の部長級（基幹職1級)、室長級(基幹職2級)、技範級の社員ランクを統合した「幹部職」を新設したことが特筆される（図表4-2)。

図表 4-2 ▶ トヨタ自動車の幹部職制度（2019 年 1 月～）

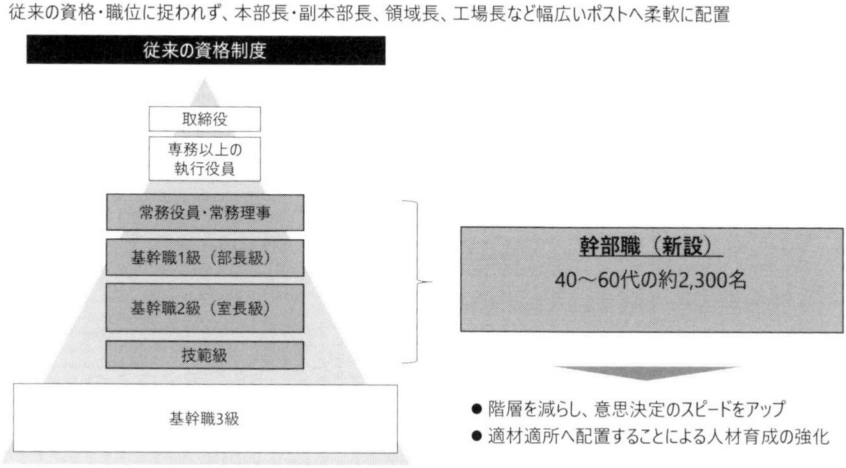

（出所）トヨタ自動車プレスリリースより作成

この幹部職の新設により、計 2,300 人ほどが幅広いポストに就くことで、より柔軟な抜擢人事が可能となっている。トヨタは自動車産業全体で CASE[3] に代表されるような技術革新が進む中で、適所適材を実行するために、階層をフラット化し、事業活動において求められる過去にないスピード感を実現するとともに、柔軟な人材配置を実現可能にする素地の構築を図っていると見られる。フラット化は、まさに 100 年に一度の大変革の時代を生き抜くために、若手やベテランにかかわらず柔軟に抜擢することが狙いである。さらに 2020 年 3 月には、6 名いる副社長職を廃止し、執行役員へ一本化する組織改正を発表した。トップも含めて組織をフラットにすることで改革のスピードを速めるとともに、有望な次世代リーダーを見極め、素早く適任人材を登用するための体制を強化している。

非デジタルの時代での仕事ぶりが評価され、キャリアアップしていった役

3　CASE：Connected, Autonomous, Shared, Electric

員・幹部の中には、デジタルシフトの中で大きく変化していくリソース配分・組織マネジメントに必ずしもフィットしないケースも生じる可能性もあり、それによるコンフリクトが発生することが懸念される。しかしながら、大企業であればあるほど、大きな変化を起こすには強力なリーダーシップや意思決定プロセスそのものにメスを入れる必要もあるだろう。旧来型の考え方を大幅に脱し、破壊的なスピード感で物事を前に進める体制を構築することも求められる制度基盤整備の1つと言える。

外部市場価値連動型の人材を獲得できる仕組みが必要

本章の本題の1つである、デジタルトランスフォーメーションを支える報酬制度基盤は、まさに上記のような社内秩序からの脱却こそがポイントとなる。特にもともと非IT系の企業にとっては、社内の既存事業に従事する人材の価値付け方と、デジタルビジネスの推進や抜本的な業務プロセスの改革

図表4-3 ▶ 社内市場価値連動型の人材と外部市場価値連動型の人材の序列イメージ

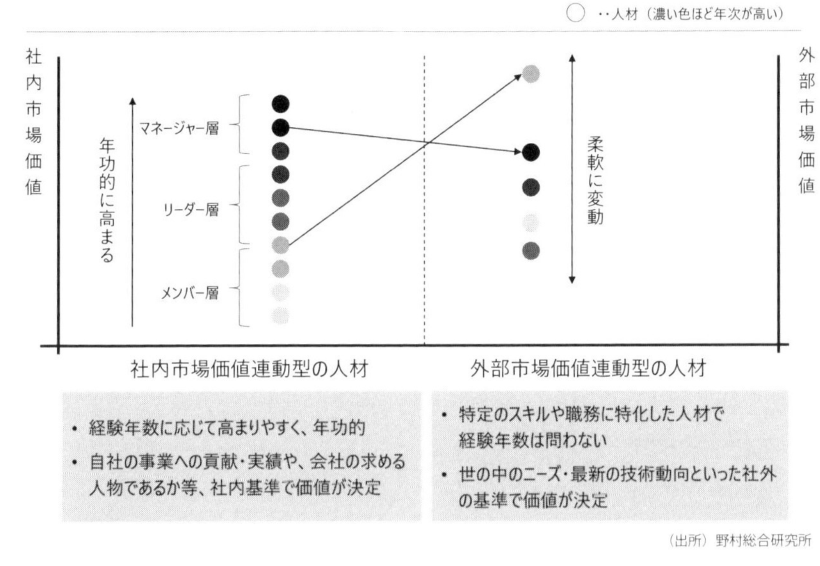

（出所）野村総合研究所

に求められるような人材の価値付け方は、モノサシそのものが一致しない（図表4-3）。

後者の人材は、企業内固有の優秀な人という枠に収まらず、外部労働市場における価値の高い人材、例えばブロックチェーンを活用して従来紙媒体と電子媒体とで管理していた顧客情報、契約プロセスをスマートコントラクト化し効率化するプロジェクト統括の経験があるといった人材は、社内の基準で処遇することができなくなっている。そのような人材を本稿では外部市場価値連動型の人材と位置付けている。それに対し、社内の既存事業に従事する人材は、自社の組織風土に対する理解や能力、自社事業の成長に貢献してきた実績などにより評価され、処遇が決定されてきた（本稿では社内市場価値連動型の人材と位置付けている）。デジタル時代に求められる報酬制度基盤は、既存の序列にとらわれない外部市場価値連動型の人材を獲得できる仕組みである。

外部市場価値に基づいた職種別の報酬

外部市場価値連動型の人材を獲得するといっても、デジタル人材と呼ばれる職種のみで構成される企業はむしろ少数派である。企業には、商品やサービスを営業する社員、それらを開発・設計する社員、間接部門で企画・管理を行う社員など、多種多様な職種が存在する。外部市場価値に基づいた報酬水準の設定を行うということは、究極的にはこうした職種ごとに、異なる価値付けをしていくことを意味する。デジタル人材として求められる職種に対して外部市場価値に基づいて高い処遇にするといっても、デジタルビジネスに直接関与しない本社スタッフや大切にすべき既存事業の営業に携わる社員などについて、一気に外部市場価値に基づく水準の報酬を設定することは難しい。

職種別の処遇としてイメージしやすいのは、総合職と一般職というような比較的多くの企業の中で取り入れられているコース別人事処遇である。同じ正社員であっても、期待する役割や将来の期待の違いを踏まえたコースを設け、給与の仕組みを分けている制度である。そもそも募集する職種やコースに応じて、将来の昇給のスピードや賞与の仕組みなどが分けられている会社は決して珍しくない。

自社の製品を顧客に売る営業職と、製品・サービスの開発・メンテナンスを行う技術開発職や、製造工場の工員とでは、そもそもその職種に求められる役割が異なる。そのため、例えばより個人別に設定される業績指標（例えば売上目標）によって成績が決まる営業職と、長期的な、そしてチームで自社製品を開発・改良していく技術開発職とでは、報酬に占める業績連動のウエイトが異なるケースもある。前者はインセンティブのためにより業績に連動した賞与などの給与項目のウエイトが大きくなる。このように求められる評価の基準や方法が異なるのはむしろ合理的である。

しかしながら、ここで言う職種別の処遇水準とはそうした違いからさらに踏み込んだものである。例えば、高卒、大卒、院卒といった学歴や、地域限定社員、全国転勤のある無限定社員といった違いに応じた処遇水準ではなく、同じ4年制の大学卒であっても、配属される部署や職種（営業系の社員と開発系の社員）によって初任給から外部市場価値に基づいて異なる水準設定を行う、という仕組みである。

学歴の違いではなく、初任給を職種で分けているケースが、DeNAである。ゲーム事業を中心としつつも、ヘルスケアやオートモーティブ事業など、多岐にわたる事業を展開する同社は、売り手市場の人材マーケットの中で、高水準の条件でITエンジニアを中心としたデジタル人材を積極的に獲得している。同社は、国内のデジタル人材の獲得競争の先頭集団にあるといってもよく、優秀人材獲得のため、職種に応じた年俸を戦略的に設定し新卒採用の募集を行っている。

顕著な例としては、2017年から、高いAI知識を持った学生を確保するために「エンジニア職AIスペシャリストコース」を設けている。通常のビジネス職等は年俸500万円がベースだが、同コースの新卒社員に対しては、年俸で600万円を最低水準とし、最高で1,000万円を提示している。このコー

図表 4-4 ▶ DeNA の職種別初任給

新卒募集職種	基準年俸（賞与含む）	月給額
デザイナー職	420万円〜	325,834円〜
デザイナー（ゲーム）職		
プランナー（ゲーム）職		
ビジネス職	500万円〜	387,500円〜
エンジニア（ゲーム）職		
エンジニア職	500~1,000万円	387,500〜755,000円
エンジニア職　AIスペシャリストコース	600~1,000万円	462,500〜755,000円

月給額はライフプラン手当を含む

- 機械学習や深層学習（ディープラーニング）分野の研究開発において優れた実績を持つ人材の確保を目的として、2017年10月入社からコースを新設定
- 特筆すべき能力や実績がある人材に対して個別に年俸を引き上げるため、あらかじめ幅のある金額で募集

※2021年度入社新卒よりエンジニア職も最高1,000万円を提示。

（出所）DeNA 新卒採用ウェブサイトより作成（2020 年 5 月時点）

スでは、機械学習や深層学習（ディープラーニング）分野の研究開発において大学や長期インターン等で優れた実績・経験を持つ人材の確保を目的としている（図表 4-4）。

同社の報酬制度は年俸制であるが、採用時から同一職種であっても、一定の幅を持って募集をかけることで、例えば選考の段階で特筆すべき実績がある人材に対して特別なオファーという形で個別に初任給を引き上げることも行っている。

非 IT 企業における職種別の報酬水準設定のハードル

DeNA の「エンジニア職 AI スペシャリストコース」における初任給の設定は、1つの会社の中で、「異なる職種に対しては異なる報酬水準を適用する」というアプローチだが、非 IT 企業で歴史のある会社ほど、3つの理由からそのハードルが高い。

1つ目は、運用負荷の高さである。これは、人材管理のベースとなる報酬

水準やその変動ルールを職種別に設定すればするほど、複雑な人材マネジメントが求められるためである。

2つ目は、人材ローテーションの困難さである。職種別に処遇が異なるということは、その区分が細かくなればなるほど、例えば事業開発から営業へと配置転換するごとに、社員の給与水準が変わる等の変化が起こりやすい。社員の能力開発として、いわゆるローテーションを行い、様々な部署で経験を積ませる中で昇格していく、という人材管理を行っている会社ほどその傾向は強いだろう。

3つ目は、公平性の観点だ。自社がどのような領域でデジタル化を目指すかにもよるが、デジタル人材といわゆる既存の人材とが完全に分離された事業・組織の中で業務遂行することは考えにくい。デジタル人材が担う職務を詳細に定義したとしても、いわゆる非デジタル人材がカバーする領域と完全に切り離すことは難しく、両者の報酬水準が異なることの納得は得られにくい可能性がある。

こうしたハードルがありながらも、DeNA が処遇水準に大きな幅を持たせることが可能になった背景として、同社が、いわゆる日本型の長期勤続を前提とした社内序列が強固に出来ておらず、また、比較的若いインターネットサービスの会社であることがあげられる。いわば、外部市場価値連動型の人材が、社内の既存の基準に照らした場合でも高く評価される傾向にあることが推察される。社外で通じるレベルのスキルや専門性を有する人材が登用されていくという価値観が受け入れられやすい IT 業界の会社であるため、社内市場価値と外部市場価値とに大きな乖離が少なく、そのため公平性の観点から大きな問題が生じにくかったと思われる。

仕事に給与を払うことで外部市場価値に連動させる

冒頭に述べた「部長クラス」のような、さらに突き抜けた報酬水準を支払うことについて、DeNA のような初任給設定だけでは持続的な運用は難しい。デジタル人材を適切に処遇するために、外部市場価値連動型の報酬制度が望

図表4-5 ▶ 職能等級制度と職務等級制度の等級移動

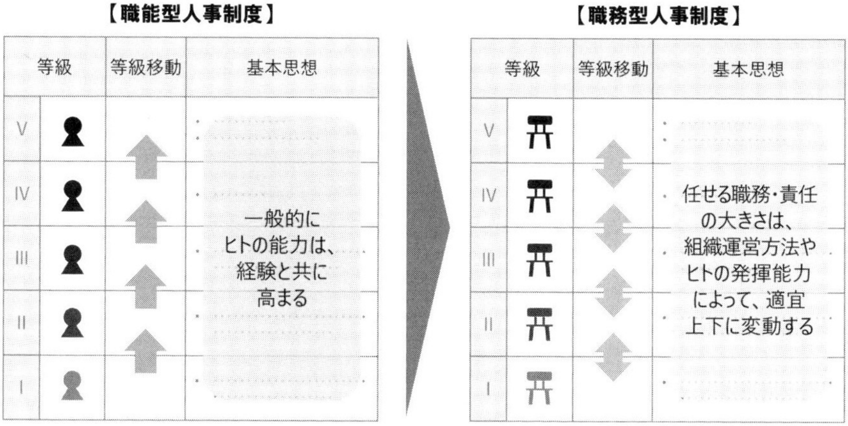

（出所）野村総合研究所

ましいと述べてきたが、具体的な方法の１つとして、ヒトではなく仕事に給与を支払う報酬制度、つまり外部市場価値連動型の職務給への転換が求められる。多くの日本企業が、ヒトの持つ能力を価値付けし、それに給与を支払っているが、外部市場価値連動型の職務給とは、ヒトが担う「仕事」に給与を支払う、という考え方である（図表4-5）。

デジタル人材の処遇として、外部市場価値連動型の職務給が適している理由は２つあり、１つは価値の変化へ対応しやすいという点があげられる。デジタル時代には、テクノロジーの急速な進展が破壊的なイノベーションや業務革新に直結するため、仕事そのものの価値自体も急速に変動し、その振幅も大きい。かつて価値のあった仕事が、事業環境の変化や自社のビジネスモデルの変革に伴い、自社にとって重要な業務でなくなってしまった場合には、その仕事の価値付け自体を見直すべきである。価値の低い仕事に高い報酬を支払うということはリソースの最適化という観点からも避けるべきであろう。

外部市場価値連動型の職務給が適しているもう１つの理由には、デジタル人材と呼ばれる人材が、比較的流動性の高い職種であることへの対応である。

従来型の長期勤続を前提として、様々な業務の経験をさせ、その遂行を通じてゼネラルな職務遂行能力を伸ばし、その能力に対価を払う仕組みではデジタル時代に求められるスピード感に整合しない。自社のデジタル戦略を強力に推し進められる人材がいたとしても、「昇格に必要な在級年数（同じランクにとどまっている年数）が足りていないから」という理由で、責任のあるポジションを任せられない、という運用になってしまうためだ。

デジタル人材に限った話ではないが、長期勤続を前提としたいわゆる日本型雇用のあり方をめぐっては、経団連も雇用制度全般の見直しを含めた取り組みの重要性について言及している。2020年1月に経団連が公表した報告書の中では、新卒一括採用や長期・終身雇用、年功型賃金などを特徴とする日本型雇用システムは、「メンバーシップ型」と称され、「様々なメリットがある一方で、経営環境の変化などに伴い課題が顕在化している」と指摘している[4]。

もちろん、企業が支払う報酬水準を外部市場価値と連動させる方法は、仕事に対して値付けすることが唯一の方法ではなく、個人が備え、仕事を通じて発揮する高度なスキルに対して報酬を支払うという考え方も存在する。

スキルに基づいた給与、能力給を外部市場価値と連動させるということは、そのスキルが外部労働市場から見て陳腐化した際に、支払う報酬水準を引き下げるなどの運用が求められることになる。しかしながら、これまでは高く価値付けされたスキルが、コモディティ化してしまった際に、それを理由として価値付けを見直しし、処遇も引き下げることは実際の運用面では困難が伴う。スキルは人材に連動しており、格付けを下げることは、いわゆる「降格」となり、給与を下げることになるため、モチベーションの維持が難しくなるためである。

世の中で求められる高いスキルを持つ専門人材を、その需要に合わせて高く処遇することは理論上可能である。しかしながら、外部市場価値と連動さ

4　一般社団法人　日本経済団体連合会「2020年版経営労働政策特別委員会報告」2020年1月

図表 4-6 ▶ メルカリのジョブグレードとマネジメント職の関係

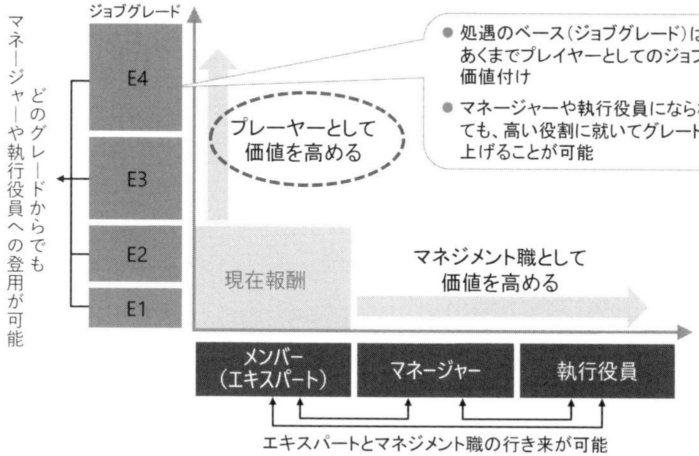

（出所）メルカリ Web サイト「mercan」https://mercan.mercari.com/articles/2018-10-12-163000/（2018 年 10 月 12 日）より作成

せ、支払う給与自体を上げ下げする運用を前提とした場合は、職務の方がより親和性が高いと言える。テクノロジーの進展で意義を見出せなくなった組織やポジションは改廃され、より安価で効率的なアウトソーサーに業務が移管されるはずである。ポジションがなくなれば自動的に仕事に対する価値は消滅することになる。

外部市場価値連動型の職務給は、仕事に対価を払うという考え方のため、会社がその仕事に対して市場の価格と照らし、どの程度支払いたいかを比較的合理的に設定しやすい。例えばフリマアプリで一躍 IT 企業の主要プレーヤーの一角となったメルカリでは、ジョブグレードに応じた報酬水準を決定しており、担う組織管理的なポジションが高くなくとも、任されるジョブに応じた人事グレードを決定することで、高い報酬を支給することが可能な仕組みを採用している（図表 4-6）。

今やメルカリはデジタル人材の獲得競争の勝ち組と言われており、人材獲得の手法としては、報酬制度の整備だけでなく、カリスマ的人材のヘッドハンティングを通じて、その存在自体が強力な磁力となって優秀なデジタル人材を獲得しているという。また、自社の独自のメディアにて、自社のビジネスの先進性や社会的な意義を常に発信していることも、やりがいを求めるデジタル人材に訴求している。

日本企業の多くが採用している、勤続年数や、能力の高まりに応じた職能型人事制度の処遇体系では、若い年次の人材が先輩を報酬面で追い越すことは難しく、またプレーヤーとしての人材が、マネジメント職の人材を報酬面で追い越すことは難しい。しかしながらデジタル時代においてビジネスモデルの破壊的変化が起こる中で、既存の序列を飛び越えた人材登用を当たり前にすることが求められる。そうした背景を踏まえ、「何に対して報いるのか」を見直すタイミングが始まっていると言える。

2 「既存の人材」と共存するためのアプローチ

一方で、人材の流動性が低い業界や業種では、外部市場価値連動型の報酬制度が必ずしも自社に合わないのでは、と直感的に感じられる読者の方もいるだろう。これまでも、本人の経験やスキルの成長度合い、達成してきた成果に合わせて、キャリアアップし給与が上がっていく従来型の仕組みで事業を成長させていくことが、「既存の人材」のモチベーションの向上や効率的な人事管理に繋がってきたためである。デジタル化を強力に推し進めたい会社であっても、従来の職能型人事制度で処遇されてきた「既存の人材」が大多数なのに対し、新たに獲得したいと考えるデジタル人材はまだ少数である企業は多い。そうした企業では、外部市場価値連動型の報酬制度へ一律で移行するハードルは総じて高い。

例えば、読者の会社では、これまでの事業で十分に実績を上げ、相当のポストについている人材よりも、デジタル戦略を実現できるような高度なスキルを持ち合わせた人材が高い処遇を受け取ることに抵抗感はないだろうか。

図表 4-7 ▶ 既存の人材を多く抱える企業の課題とアプローチ

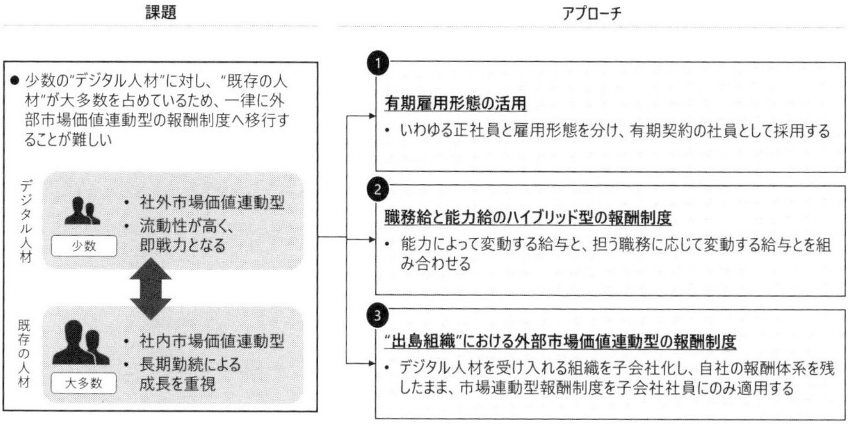

（出所）野村総合研究所

デジタル分野に知見のある新卒社員が、既存の事業で活躍する２年目以上の先輩よりも高く処遇されることについて、人事部門や、人事部門の担当役員は首を縦に振るだろうか。大きな会社ほど、社員間の序列があり、その序列に基づいた役割や職責があり、事業運営が行われている。当然ながら、「既存の人材」の能力を最大限に引き出し、動機付けを行い、適切な評価と報酬でマネジメントを行うことが非常に重要である。

デジタル人材獲得のための報酬制度の設計は、こうした既存人材のことも考慮しつつ、自社の事業や戦略に合った制度設計を行うことが重要である。以下では、非 IT 業界の大企業が、「既存の人材」を多く自社に抱える中で、デジタル人材を獲得し定着させていくにあたり、現実的にどのような報酬体系をとり得るのか、３つのアプローチを紹介する（図表 4-7）。

①有期雇用形態の活用

②職務給と能力給のハイブリッド型報酬制度

③「出島組織」における外部市場価値連動型の報酬制度

それぞれのアプローチについて、可能な限り実際の制度事例を踏まえつつ、そのポイントを紹介する。

①有期雇用形態の活用

アプローチとしてまず考えられるのは、そもそもの報酬制度について、外部市場価値連動型の報酬制度とする対象を、正社員（無期契約社員）とは異なる雇用形態である有期雇用契約社員に限定するという手法である。有期雇用契約形態とするということは、言い換えればいわゆる正社員に適用される給与テーブルや規則を適用せず、無期雇用の人材管理の枠組みの外で処遇を決定することができる。そのため、無期型雇用社員であれば役員クラスに支給するような高い水準であっても、有期雇用であれば設定可能になる。こうすることで、無期雇用型の「既存の人材」の処遇水準とバランスを考慮することよりも、採用したい人材が社外でどのくらいの水準で処遇されているのか、という点を重視して市場価値に見合った報酬を提示しやすくなる。雇用形態を分けることで、縛りにとらわれず、個別対応しやすい仕組みと言える。

高い報酬水準を提示できる有期雇用契約だが、論点となるのが「無期転換ルール」への対応だ。そもそも無期労働契約に基づく労働者とは、期間の定めのない労働契約を企業と結んだ社員を指し、いわゆる正社員が該当する。無期転換ルールは、同一の使用者（企業）との間で、有期労働契約が５年を超えて更新された場合、有期契約労働者（契約社員・アルバイト等）からの申し込みにより、期間の定めのない労働契約（無期労働契約）に転換されるルールのことである（図表4-8）。

改正労働契約法に基づき、2013年４月１日以降に開始した有期労働契約は、このルールが適用され、有期契約労働者が使用者（企業）に対して無期転換の申し込みをした場合、無期労働契約が成立するというものである[5]。無期転換＝いわゆる正社員の制度を適用しなければならない、という法律はないが、有期雇用契約の形で獲得した人材については５年を超過した場合の

5　厚生労働省「有期契約労働者の無期転換ポータルサイト」よりhttps://muki.mhlw.go.jp/

図表4-8 ▶ 無期転換ルール

【契約期間が1年の場合】

5回目の更新後の1年間に無期転換の申込権が発生する。

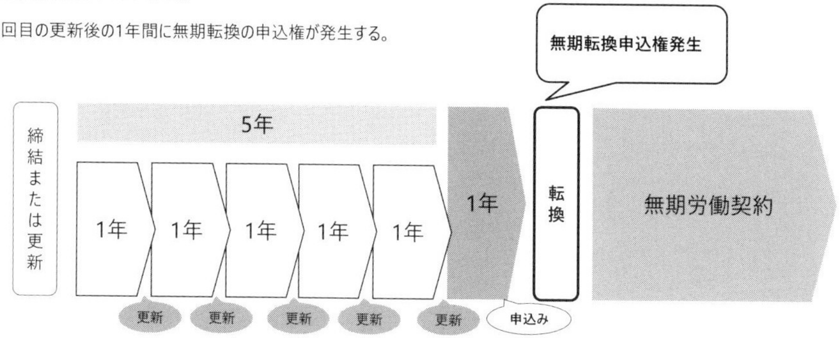

（出所）厚生労働省ウェブサイト「有期契約労働者の無期転換ポータルサイト」https://muki.mhlw.go.jp/ より作成

対応について、事前に検討しておく必要がある。以下に紹介するケースでも、無期転換ルールに対する処遇については、各社の工夫が見て取れる。

外部市場価値に基づいた仕事、役割基準の報酬制度を、完全に自社の正社員を対象とした制度として取り入れることなく、本来的な意味でのジョブ型雇用（無期雇用を必ずしも前提としない）の仕組みを取り入れた事例を紹介する。ここでは、デジタルビジネスへのシフトを求められる大企業の例として、有期雇用形態による優秀人材確保に乗り出した大日本印刷株式会社のケースと、デジタルビジネス推進を目的として設立された戦略子会社Ａ社、戦略子会社Ｂ社のケースを紹介する。大日本印刷は少数精鋭の人材確保としての有期雇用形態であり、Ａ社、Ｂ社はプロパーを基本的に有期雇用形態にて調達する、という方針を採用している。

大日本印刷のケース

有期雇用形態による人材確保に乗り出した大日本印刷株式会社（以下DNP）は、ペーパーレスが進む中、いわゆる紙への印刷事業以外の事業を拡大させていくことが課題となっている。同社のケースは、まさにデジタル

図表 4-9 ▶ DNP グループビジョン 2015（抜粋）

「P&Iイノベーション」を掲げ、印刷と情報の強みを生かした4つの事業テーマを示している

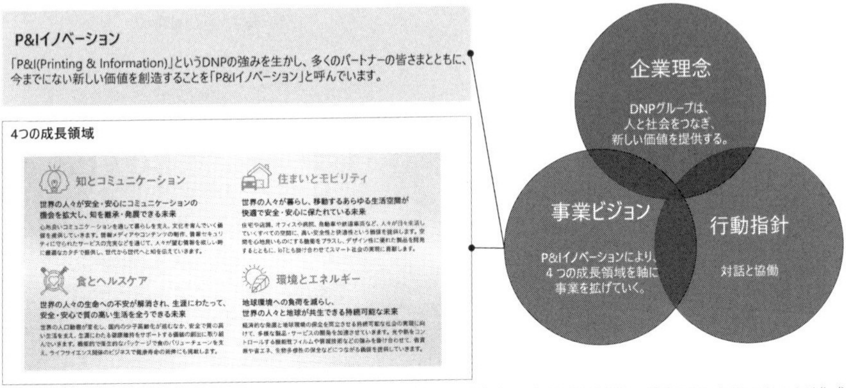

（出所）大日本印刷株式会社ウェブサイトおよび「DNP グループ統合報告書 2019 年」より作成

化の波にさらされ、現在の延長線上にないビジネスの拡大を図っている企業の好例と言えるだろう。

DNP では、2015 年より事業ビジョンに「P&I イノベーション」を掲げ、印刷（Printing）と情報（Information）という強みを活かし、従来の受け身の事業スタイルから新たな価値を創造することへの転換を進めている（図表 4-9）。

同社は、これまでの事業にとらわれず、自ら価値を生み出していく事業へ転換するという意味で、事業領域の多角化を図った 1950 年代の「第二の創業」に続く、「第三の創業」の実現を目指している。「第三の創業」とは、「『P&I』の独自の強みを掛け合わせ、異なる強みを持った社外パートナーとの連携を深め、社会の課題を解決するとともに、人々の期待に応える新しい価値を生み出していく挑戦」（北島義斉代表取締役社長）としている（図表 4-10）。

DNP の人事制度改定（有期雇用形態による人材確保）は、こうした事業ビジョンや第三の創業のコンセプトに沿う形で、社会課題を解決し、新しい

図表 4-10 ▶ DNPの第一・第二・第三の創業

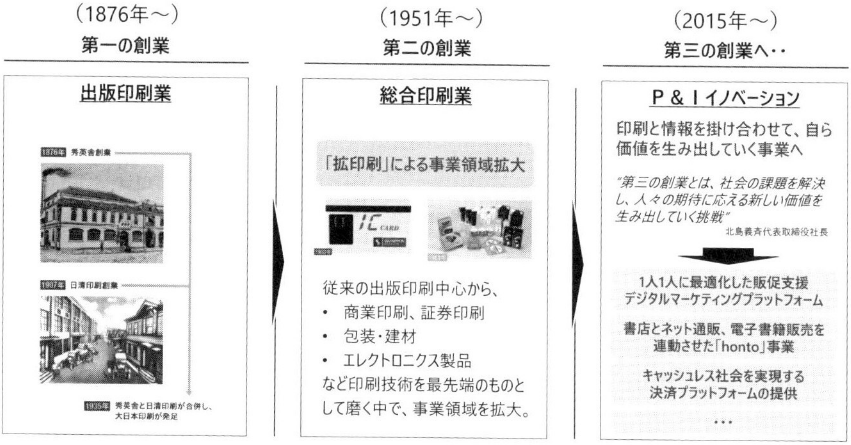

（出所）大日本印刷株式会社ウェブサイトおよび「DNP グループ統合報告書 2019 年」より作成

価値を生み出していく人材を後押しする仕組みへと見直しを図ったものである。2019 年度にスタートした、新人事制度に向けて実施された改定の全体像は図表 4-11 の通りである。同社の制度改革のコンセプトで一貫しているのは、社会課題の解決を実現できる人材を後押しする仕組み、という考え方である。社会全体を視野に入れ、社外から見ても魅力的な仕組みであることを重視したと言う（図表 4-11）。

DNP の有期雇用形態による優秀人材の確保は、こうした改革の中の一角として行われている。メインのターゲットは ICT 人材等の専門人材だ。特に「事業をまず作れる人、そして大型で複雑なプロジェクトを回せるリーダーが不足している」（同社役員）といった事情から、社外から見ても魅力的な報酬水準を提示することができる仕組みづくりとして、有期雇用形態にて高処遇で採用する「プロフェッショナルスタッフ」および「アソシエイトスタッフ」を新設した。加えて、同社の P&I イノベーションの中核を担う人材を育成・処遇するために、従来の職群区分を再編し、新たに「ICT 開発職」も新設している（図表 4-12）。

図表 4-11 ▶ 人事制度改革の全体像

事業ビジョン	P&I イノベーションにより、4 つの成長領域を軸に事業を拡げていく。		
背景・目的	社会課題を解決し、人々の期待に応える新しい価値の創出を実現		
	● 「雇用の流動化」という社会環境の変化も念頭に置き、多彩なキャリアを持った社内外の人達にとって公正かつ魅力ある制度とすることを重視	● 若手従業員が納得・共感し、魅力を感じるような仕組みを重視	
新たな取組み	1 社外の視点を積極的に取り入れるための雇用関連制度	2 新しい価値の創出に向けた、処遇に関わる諸制度の改定	3 時間や場所を有効に活用できる柔軟な働き方の推進・支援
	● **有期雇用形態の導入** ● ジョブ・リターン制度の新設 ● 副業・兼業の一部容認を開始	● 若手の賞与や賃金水準の抜本的な向上 ● **ICTプロフェッショナル制度の設置** ● 職種別・地域別の体系と処遇の再構築 ● 評価制度の見直しと対話型の人材育成マネジメント	● テレワークの導入 ● 「働き方の変革」の推進

（出所）大日本印刷株式会社プレスリリース（2019 年 6 月 4 日）および同社インタビューより作成

図表 4-12 ▶ ICT 人材確保のための人材区分（DNP）

人材区分	雇用	人物像	雇用の転換	処遇水準
プロフェッショナルスタッフ	有期	特定の専門分野に関し、極めて高度の知識・技術を有し、本人の専門能力が事業運営上必要不可欠であると認められる者	無期転換を必ずしも想定しない	現行制度の枠を超えた高い処遇も可能。業界水準等個人の市場価値に応じて個別設定
アソシエイトスタッフ	有期	高い能力や豊富な人脈を持つ優秀な人材	無期転換を基本的に想定	社内の同年代より高い水準の処遇を提示
ＩＣＴ開発職	無期	従来の企画開発職／技術開発職／研究開発職の中から切り出し、新設した職群	無期雇用のまま	既存の枠組みを見直し設定

（出所）大日本印刷株式会社 プレスリリース　2019 年 6 月 4 日　及び同社インタビューより作成

このうち、有期雇用形態の新設は、副業・兼業の一部容認などと併せ、社外の視点を積極的に取り入れる雇用関連制度、と位置付けている。専門人材を獲得するのに、有期雇用制度を導入した理由としては、通常の正社員の給与テーブルに基づいた報酬水準では、前職の処遇水準が高い専門人材とのマッチングが難しいケースがあったためだ。

プロフェッショナルスタッフについて同社は「特定の専門分野に関し、極めて高度の知識・技術を有し、本人の専門能力が事業運営上必要不可欠であると認められる者」と定義している。ICT ビジネスを拡大させていくために必要な、極めて高度な専門性を持つ ICT 人材だけでなく、医療分野など、同社でこれまでに知見のない分野のスペシャリストもターゲットとしている。提示する報酬水準は、通常の正社員よりどの程度高いかという基準はなく、外部市場価値に応じて個別に設定している。

現段階では有期雇用形態から無期社員へ転換することを必ずしも想定しておらず、特定のプロジェクト等、期間が限定される仕事を担うことが期待されている。この仕組みについて、社内的には「圧倒的な専門スキルを持った人材に適用される」と認知されており、社内の他の人材との間でコンフリクトは特に起きていないとのことである。むしろ「DNP にはない専門性やプロフェッショナル性を持っているので、教えを乞うというような雰囲気がある」（同社役員）ことから、社内の人材にとっても納得感を得た上で高度専門人材の獲得ができたケースと言ってよいだろう。

一方、アソシエイトスタッフは、プロフェッショナルスタッフと同様、専門人材を対象とした雇用形態の仕組みだが、ターゲットがプロフェッショナルスタッフとは異なり、期間限定ではなく継続的に働いてもらいたい専門人材の採用のために運用している。給与水準設定も、同社の給与テーブルを大きく超過することなく、社内の同年代よりもやや高い水準を想定している。現状では、ICT 人材をキャリア採用で増やしている中で、本人の希望と会社の見立てがマッチしない場合に、アソシエイトスタッフとして採用するというような運用を行っている。例えば一定期間有期雇用社員として採用し、

図表 4-13 ▶ ICT 開発職の新設（DNP）

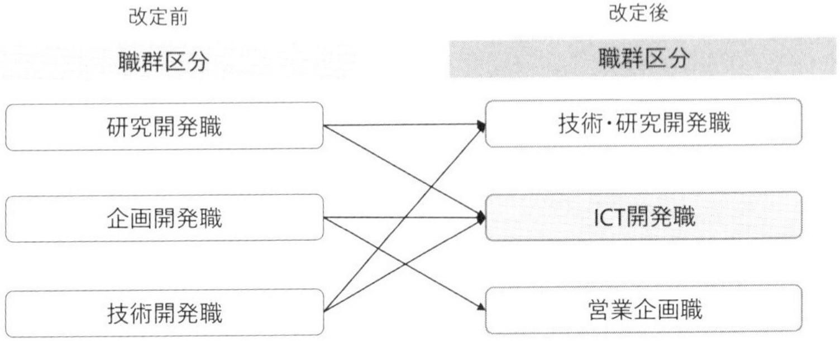

（出所）同社インタビューより作成

実際のパフォーマンスを見ながら水準を調整する、という手法である。プロフェッショナルスタッフとは異なり、一定の期間の後は無期雇用社員、いわゆる通常の正社員へと転換することを想定している。採用当初に有期雇用形態での条件を提示することに対しては、「有期であることで難色を示す人材も一定数いる」（同社人事部門幹部）という。無期での、いわゆる正社員を望む人材が多いため、高い水準の条件を提示できる一方で、有期雇用形態が人材獲得のハードルとなっている側面も否定できないことから、無期型のアソシエイトスタッフの新設も検討していきたいとのことである。

なお、ICT 開発職については、従来の企画開発職や研究開発職といった職群の中から、ICT に関わる主たる職能を切り出す形で新たに新設されたものであり、ICT を基軸としたイノベーションを起こしていくことを期待される職群である。上述のアソシエイトスタッフが無期転換となった場合の受け皿にもなる区分と言える。同区分は、ICT 人材の市場を意識して魅力的な処遇を実現することを目的としており、採用においても ICT に興味を持つ人材の募集に、よりつながっていくものと考えられる（図表 4-13）。

戦略子会社 A 社・B 社のケース

大企業が本業とは異なるビジネスを育て拡大していくために、「出島組織」

として親会社とは組織上切り離した子会社を作るケースはめずらしくないが、設立当初は親会社からの出向者が在籍者のほとんどを占めるようなケースも多い。一方で、設立後は子会社独自の採用方針を設定し、親会社とは異なる基準・制度にてデジタル人材の獲得競争に乗り出している企業もある。以下紹介する２社においては、獲得すべきデジタル人材を有期雇用契約形態にて処遇している。

⑴　戦略子会社Ａ社

国内企業の戦略子会社でデジタルビジネスを推進しているＡ社を取り上げたい。デジタルビジネスに特化した同社の制度の特徴は、採用力強化を目的とした有期雇用契約形態による高い水準の処遇設計を実施したことと、ローパフォーマーの円滑な社外転身の仕組みとの両輪を整備した点である。そしてそれらの基盤として、求める人材の職務定義書を策定し、職務定義書に基づいた採用の判断と、雇い止め判定のルールを導入していることも特筆される。

同社は、デジタルビジネスの推進に必要な、「先端人材」を確保するための方針として、いわゆる無期雇用による正社員採用は行わず、有期雇用と業務委託を基軸に据えている。有期雇用の場合、１年ごとの契約とするが、報酬水準の上限は無期雇用の社員と比べて高く設定し、職種や職種に応じたランクごとに、目安とする標準報酬額を設定している。さらなる高処遇が必要な優秀層や、いわゆる５年ルールを超過し、６年目以降も働き続けてもらいたい人材には業務委託へ移行してもらう。業務委託としての処遇水準の上限を設定せず、個別設定としている。市場価格以上の年俸を設定する上、多様な雇用形態を用意したことで、魅力を高め、採用力強化を図っている。なお、本体からの出向者と評価および処遇のサイクルを揃えるため、会計年度ごとに契約の更改を行っている。

契約の２年目以降は、前年度の成果に応じて報酬水準を見直しする。年度末の通期レビューを経て、評価結果も参照しつつ個別に契約額を決定す

図表4-14 ▶ 雇用・契約形態ごとの報酬水準（イメージ）

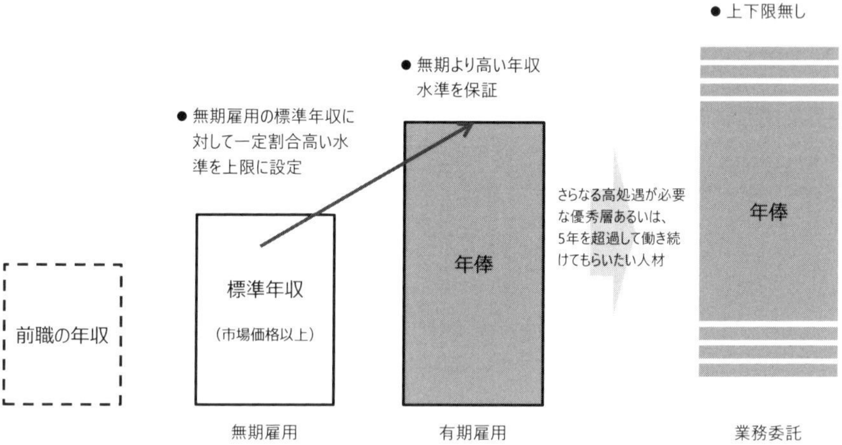

（出所）A社インタビューより作成

る、という流れだ。契約更新の有無については、採用時と同様、職務定義書に照らし、本人が基準を満たしているかを判断する。ローパフォーマーと判断された場合は職務定義書に基づき雇い止めを行う。5年を超える期間の有期雇用契約を結んだ場合で、かつ雇い止めとならない場合は、先述したような業務委託の契約が提示される（図表4-14）。

A社は、単に高い水準の報酬を提示する形で人材を獲得するだけではなく、自社が欲しい人材・担ってもらいたい職務やそのレベルを明確に定義し、採用からパフォーマンスの評価、雇い止めの基準にまで職務定義書を基軸に据えることで、有期雇用社員の人材マネジメントを行っている点が特徴と言えるだろう。

〈無期転換ルールへの対応〉

A社が有期雇用社員に対して、無期転換ではなく、業務委託の形態をとったのは、そもそも事業や人材の持つスキルセットによって、本当にその人材が担う仕事がA社に継続的にあるかどうか不透明だったこともある

図表 4-15 ▶ 無期転換への対応方針

	無期転換			業務委託
	①上限を追加	②別テーブル新設	③水準引下げ後に格付け	④雇用関係の解消
概要	・無期雇用の給与テーブルの上限額を超えた部分に、有期雇用の上限までのテーブルを追加し、適用する	・優秀人材の給与幅をカバーでき、昇給額の変化幅を独自に設定した別テーブルを新設する	・無期雇用の給与テーブルの中に収まるように、有期形態の社員の水準を引き下げた上で、格付けする	・有期雇用期間と同程度以上の契約額を提示する（無期雇用の給与テーブルとは無関係とする）

イメージ

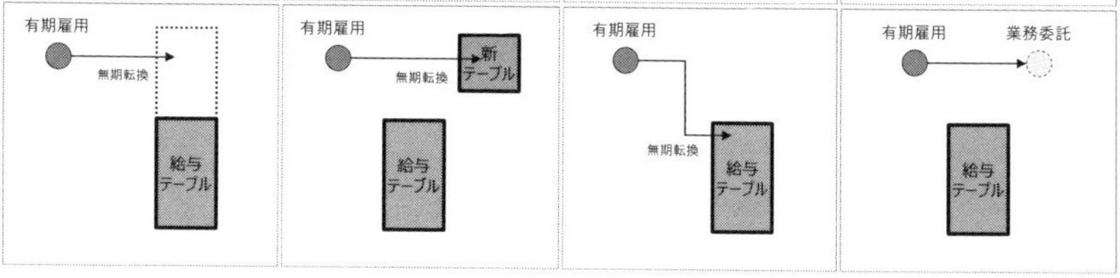

（注）正社員の給与テーブル上限を大きく超えた水準で働くケース
（出所）野村総合研究所

が、無期転換時に想定される運用負荷の高さもネックとなった。

一般的に、そもそも既存の無期雇用の社員に適用される給与テーブルを大きく超える水準で採用している場合、無期転換した際には、①既存の給与テーブルに無期転換してきた社員用の上限を追加し、適用する方法と、②既存社員とは別の給与テーブルを新設する方法、③既存社員のテーブル内に収まるよう水準を引き下げた上で格付けを行う方法、そして④雇用関係を解消し、業務委託とする方法、という4つが考えられる（図表4-15）。

①・②については、有期雇用で大量に雇用するわけではない場合は、少人数のために無期雇用社員の制度改定を行う運用や、別テーブルを乱立させるような運用はかなり複雑となる。特に①のように、単に上限を伸ばす、という改定だけでは、役員を超えるような報酬水準を、同一のテーブルで設定する例外的な対応に対して社員から不満が出るおそれもある。

③の場合は、有期雇用形態で処遇していた期間は、雇い止めのリスクがあることに対するプレミアムとして処遇水準を高く設定していた、という考え方をとることになるだろう。そもそも高度な専門性を持つデジタル人材を獲得するために有期雇用で高い水準を支払っていたことを踏まえると、

図表 4-16 ▶ B社の特徴

1．事業

デジタルビジネスの開発に特化した、大企業の事業開発組織が、スピンアウトし設立

2．人材獲得

出向者を除く、全員が**有期契約社員で構成**。親会社を上回る高水準の年俸を提示

3．評価

「**売れるサービスを作るための主体的なチャレンジ**があったか」を評価

（出所）B社インタビューより作成

処遇水準を引き下げてまで、通常の正社員と同様のテーブルで処遇する対応は人材の流出に繋がる懸念もある。

一方で、④の業務委託であれば、実務的には、上限等の縛りがない形で処遇水準を設定することもできることから、少人数の場合現実的な運用が可能と言える。いずれにしても、雇い止めありきではなく、特に多くの無期雇用の社員を抱える企業にとっては、事前に無期転換を見据えた考え方を検討しておく必要がある。

(2) 戦略子会社B社

B社は、デジタルビジネスの開発に特化したとある企業の戦略子会社である。先進的なビジネスモデルを立ち上げたいが、大組織では実現できないスピード感で事業開発を行うために、組織から独立する形で設立された会社である。サービス開発を内製化するために、高スペックのITエンジニアを獲得する必要があったが、グループ内の給与水準を上回る形で、思い切った給与レンジを設定する必要があったことから、出向者を除く全員が有期雇用契約社員としている（図表 4-16）。

図表 4-17 ▶ Ｂ社の報酬水準イメージ

職種の市場価値に応じて、異なる報酬水準の幅で募集を行っている

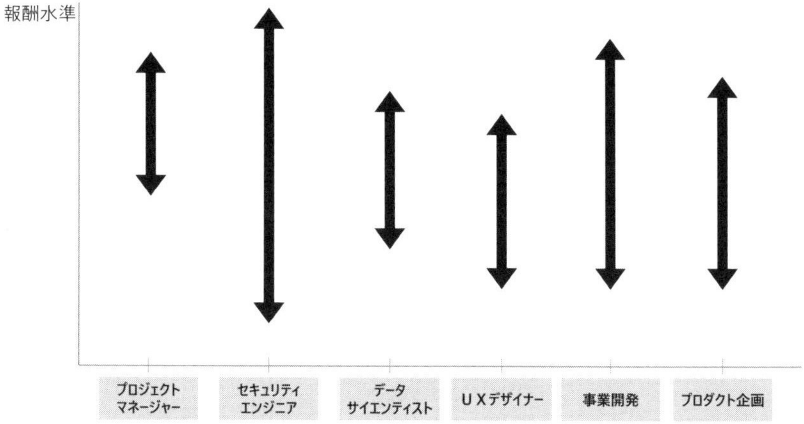

（出所）Ｂ社インタビューより作成

同社の有期雇用契約社員は、パートタイム社員も在籍し、報酬は年俸制（賞与なし）。契約期間は２年で、最大５年までの延長を可能としている。人材獲得に当たっては、有期雇用形態というある種のリスクがあってでも、その分のプレミアムが上乗せされた高い水準でのオファーを行っている。会社として非常にチャレンジングなことを行っており、有期雇用形態であってでもチャレンジしたい、という人材を募集・獲得している。Ｂ社の募集賃金の水準は、図表 4-17 のイメージの通り職種別に異なっている。なお、採用した社員に適用される５年後の無期転換ルールについて、６年目以降どのようにするかはその都度検討し、見直していくとのことである（図表 4-17）。

有期雇用契約ということで、雇い止めのリスクがあると同時に、社員のロイヤリティーを醸成しにくい側面もあることから、人材マネジメント上の工夫も求められる。優秀な人材が長く働き続けたいと思う要素の条件の１つには、「常に自分自身に新しいチャレンジを与えられること」（同社社

員）というやりがいの側面も大きい。つまり、同じような業務ばかりやらせない、少しストレッチしたタスクを与える、場合によってはチームや部署を変えるなど、マネジメント側は、有期雇用契約社員との対話の中で常に「本人の興味関心を満たせる仕事が付与できているか」「退屈していないか」等を考察する必要がある。これはマネジメント層に求められる責務の1つと言えるだろう。

評価制度については、同社はいわゆる業績評価を行っていない。有期契約期間である2年間は固定年俸を支払うが、契約更改のタイミングで、年俸額をアップするのか、ダウンさせるのか、あるいは雇い止めを行うのかを決定している。評価軸は、「売れるサービスを作るための主体的なチャレンジがあったか」のみだという。同社の事業特性として、とにかく事業アイデアを具現化し、新たなプロダクト／サービスに繋げていくことが求められるためであろう。本来は売れるサービスをローンチするところまでを求めたいが、そこまでたどり着かないプロジェクトが大半であることから、PoC[6]まで持ち込んだ、プロトタイプを作ったなど、たとえ最終的な財務成果に繋がっていなくとも、何らかの確固たるアウトプットがあったかどうかで評価している（図表4-18）。

〈有期雇用形態の不安をどう解消するか〉

デジタルの分野において、極めて高い専門性を持つ人材であっても、自身の雇用形態がいわゆる正社員採用でないことに抵抗を感じる人も多いだろう。デジタル人材が今後希望する契約形態について、前掲（第2章）のワークモチベーション調査の結果では、現在有期雇用のデジタル人材は、75%が有期雇用あるいは業務委託を希望するのに対し、無期雇用のデジタル人材は9割近くが無期雇用形態を望んでいる（図表4-19）。

6　PoC：Proof of Concept。新しい概念や理論、原理、アイデアの実証を目的とした、試作開発の前段階における検証

図表 4-18 ▶ B社の評価の対象

最終的な財務的成果に繋がらなくとも、主体的なチャレンジを評価する

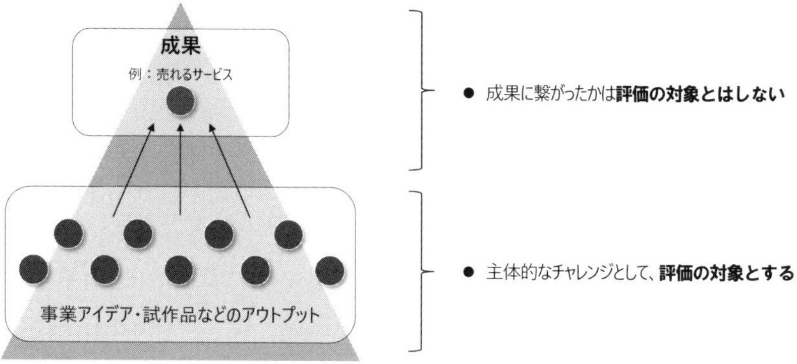

（出所）B社インタビューより作成

図表 4-19 ▶ 現在の契約形態別の今後希望する契約形態の割合（デジタル人材・非デジタル人材）

現在有期雇用のデジタル人材は、非デジタル人材に比較すると、現在の契約形態を今後も望む人の割合が多い

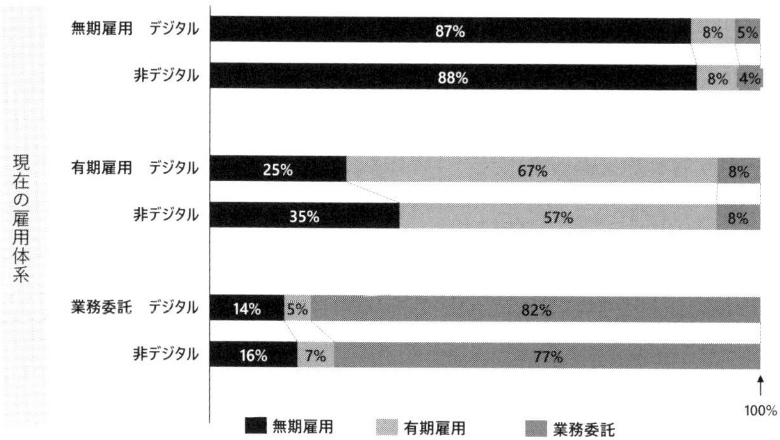

（出所）野村総合研究所「ワークモチベーション調査」2020年

有期雇用形態によるデジタル人材の調達は、既存の人材マネジメントの仕組みを大きく変えることのないアプローチではあるものの、本当にその雇用形態で必要なデジタル人材を確保できるのかという懸念に加え、採用した人材のモチベーションを下げることなく、定着させられるかといった懸念もあるだろう。

こうした懸念点の解消のためには、評価やアサインの工夫などで社員の不安を軽減するアプローチが求められる。有期雇用形態による雇い止めの不安については、緊張感のある評価を行うことを前提とした上で、無期転換を行う場合はその際の処遇の考え方を事前に丁寧に伝えておくことが重要だ。また、A社のように業務委託の選択肢を提示するなど、多様な雇用のあり方を示すことも必要である。

採用時は、上記のような不安を軽減させるための施策として、前職の退職金の自己都合による目減り分や、転職時に前職の会社へ支払った違約金（会社によっては、留学や海外研修直後の転職に対して、コスト分の違約金を社員に求めるケースもある）を上乗せする、というサイニングボーナスを提示することもある。

定着させるための施策としては、これは有期雇用に限った話ではないが、チャレンジする姿勢を評価する、働きやすい労務環境を用意するといった基本的なことに加え、個人の評価方法について工夫することも考えられる。例えば、有期契約であることが、通常の正社員と比べて、相対的に会社との一体感・連帯感が生まれにくい社員に対しては、評価の要素として個人の成績よりも組織の業績の結果をより大きく反映させる、といった方法である。また、改善点を伝えて育成に繋げる一方で、雇い止めの不安がマイナスに作用しないよう、ポジティブな要素を多めにフィードバックするといったマネジメントのスタイルも考えられるだろう（図表4-20）。

ただし、あくまで専門人材に永続的に定着してほしいというのであれば、前述の無期転換ルールへの対応を自社内で整理する必要がある。対象人数が多い場合は特に、無期雇用として雇った場合であっても賃金管理が可能

図表 4-20 ▶ 有期雇用形態の不安に対するアプローチ例

有期雇用形態に関する不安	解消のアプローチ例
本当に採用できるか？	■ 魅力的な水準かつ採用時のフレキシブルな金額加算 ■ 無期転換時の考え方を丁寧に伝達
定着させられるか？	■ 評価軸として組織業績の連動を高めることで一体感を持たせる ■ 雇い止めの不安がマイナスに作用しないようなポジティブなフィードバック

（出所）野村総合研究所

なテーブルを別途設計することが望ましい。

②職務給と能力給のハイブリッド型の報酬制度

外部市場価値連動型の職務基準に基づいた処遇設定を行う2つ目のアプローチは、外部市場価値連動型の職務と、能力とで決まる給与項目を組み合わせたハイブリッド型の報酬制度を採用する手法である。“ヒト”ではなく“仕事”に報酬を支払うという考え方が、年功的な既存人材との序列と独立しやすい、脱硬直的な報酬制度の構築のために有効である一方で、全ての社員の抱える職務に値段をつけ、これまでの給与制度に置き換える、というインパクトは大きく、導入には工夫が必要である。ハイブリッド型は、能力型（いわゆる職能等級型）の人事制度を備えている会社にとっては比較的検討しやすい仕組みといえる。

職務給と能力給のハイブリッド型の報酬制度とは、能力の高さに基づいて金額を上げ下げする給与項目と、担う職務に基づいて金額を上げ下げする給与項目とを組み合わせた基本給とする、という考え方である。そのためには、

図表 4-21 ▶ 職務給と職能給のハイブリッド

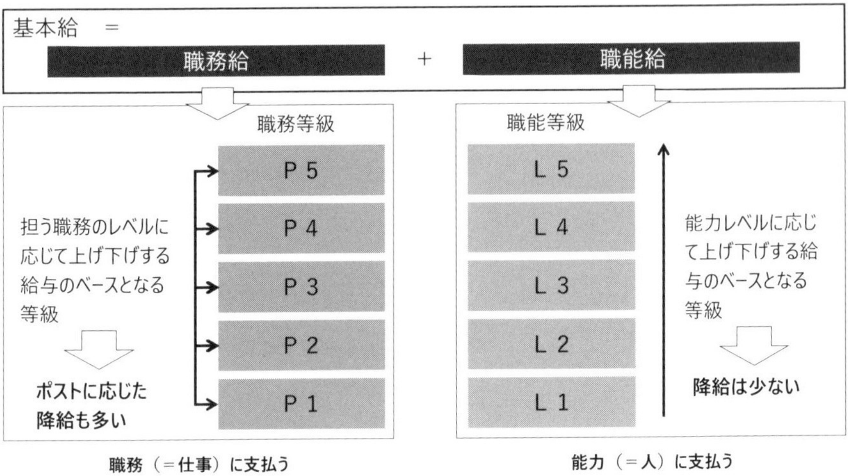

（出所）野村総合研究所

社員のランクを職務等級と能力等級の組み合わせにより管理する必要がある(図表 4-21)。

能力の高まりに報いる、という考え方を採用した職能等級制度をメインの人材管理フレームに採用している企業にとっては、社員の能力レベルに応じて安定的に昇給しやすい給与項目を残せることで、心理的なハードルが低くなる。フレキシブルに上げ下げの変動を設定しやすい職務給的な要素を組み合わせた等級体系／給与体系はその意味でコンフリクトを一定程度緩和させる変革となるだろう。

以下で取り上げる YKK グループは、管理職を対象に、「役割等級」と「実力等級」のハイブリッド型の報酬制度を採用している。但しここでいう役割等級は、担う役割に応じて支払うことから、能力と比べて上げ下げがしやすい仕組みとなっているものの、一部の例外を除いて必ずしも職種別に市場価値と連動させているわけではない。本稿では、能力の高まりだけでなく、担っている役割に応じた格付けを行う等級体系を備え、給与構成もハイブ

図表 4-22 ▶ YKK グループの人材体系

会社を牽引する**強いリーダー層**を作る 会社の将来像を描き、戦略を策定する	会社を支える**強い現場力**を作る 戦略を実行し、業務を支える
● 地域や仕事・専門の領域を跨ぐ活躍と成長を通じて、将来的には、経営の中核を担うこと ＜該当コース＞ ■ Mコース　Management ■ Pコース　Professional	● 特定の地域や特定の仕事・専門の領域内での活躍と成長を通じて、将来的には、現場の中核を担うこと ＜該当コース＞ ■ Sコース　Specialist ■ Eコース　Execution ■ Tコース　Technical

（出所）YKK 社提供資料より作成

リッドで運用している企業の例として取り上げる。

YKK グループのケース

YKK グループは、ファスナーやスナップボタンなどのファスニング事業を担う YKK 株式会社と、窓やドア、ビルのファサードといった AP（建材）事業を担う YKK AP 株式会社などから構成される企業グループである。世界約 70 の国と地域で事業展開を行い、規模としては、国内が 1 万 7000 人超、海外を含めると 4 万 6000 人超の従業員を抱え（2019 年 3 月 31 日時点）、創業 80 年以上と歴史も古く、いわゆる日本の大手企業である。

YKK グループの社員区分は図表 4-22 の通り、大きくは 2 つに分かれている。M コース（マネジメントコース）は組織のマネジメントを通じた成果創出や会社への貢献が求められるコースであり、P コース（プロフェッショナルコース）は、専門的な知識やスキルを発揮することにより、高い成果を創出し、会社へ貢献することが期待されるコースである。この 2 コースは会社をけん引する「強いリーダー」を作ることを目的としたコースである。

一方で、製造業である YKK グループではファスニング事業にせよ、AP

図表 4-23 ▶ YKK グループの等級体系

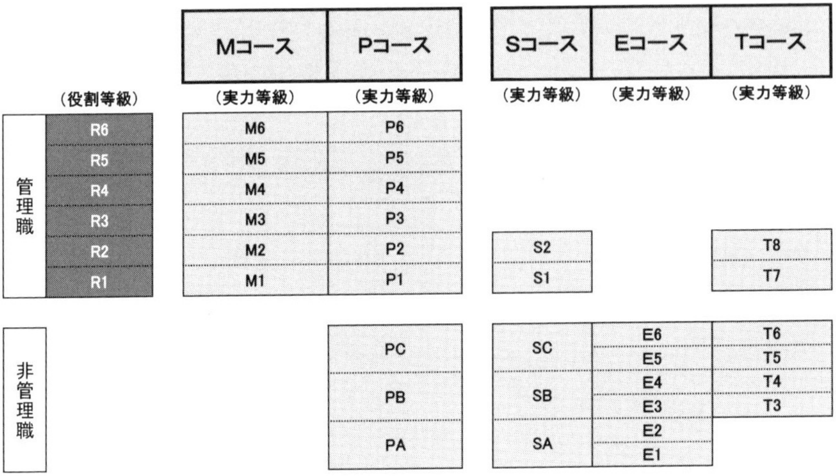

（出所）YKK 社提供資料より作成

事業にせよそのコアコンピタンスは会社・事業の戦略を実行し、実務業務を支える「強い現場力」であり、そうした人材を作ることを目的とするのが、Sコース（スペシャリストコース）、Eコース（エグゼキューションコース）、そしてTコース（テクニカルコース）である（図表4-22）。

YKKグループの人事体系で特徴的なのは、上記5コースのうちEコースを除く4コースの管理職層において、等級には任せられる職務・役割から格付けされる「役割等級」と、当該社員が任せられた役割・職務に基づいて発揮されるべき実力（職務遂行能力）から格付けされる「実力等級」の2つの格付けを有する「ハイブリッド型」という点である（図表4-23）。

管理職層に適用される役割等級は、役割の価値測定を行い、役割ごとに付与される等級である。管理職が担う役割は、同社の定める「役割記述書」によって定義され、担う役割・職務に応じて上下に変動する。また役割の大きさはコースに関わらず同じモノサシで格付けを行っている。

一方、実力等級は、担当職務・役割において発揮された実力の大きさを格付けする等級であり、その発揮度合いを毎年評価し、その結果に応じて等級を上げ下げしている。管理職の基本給は、役割等級によって単一的に金額が決定する役割給と、実力等級に基づく実力給によって構成される。実力給はレンジ内において毎年の評価によって昇降給が行われている。

なお、非管理職層は、担う役割の詳細な定義が難しいことから、管理職と同じハイブリッド型の等級制度適用は見送られた経緯があり、非管理職層は、原則実力等級のみで等級が管理され、発揮度合いを反映した実力給のみで基本給が構成されている。

等級ランクが上がる、いわゆる昇格や上位職任用については、役割等級と実力等級とで、別々に格付けする運用が行われている。つまり、役割等級では部長相当の役割の社員が、必ずしも実力等級では部長相当の実力レベルではないということが生じる。こうした仕組みを通じて、例えば経験年数が少なく、部長相当と認められる実力がまだ客観的に認識されていなくとも、部長役職を始めとした重要なポストや仕事を任せることが出来、柔軟な人材登用が可能となっている。より上位の役割を担ってもらう場合には役割等級が上がるが、そのポジションの中での成果や貢献度の評価結果を基に、実力等級が後から昇格する、という運用を行っている。YKK グループの価値観として、「信じて任せる」という考えがあり、まずは上位の役割にチャレンジさせてみて、実力があるかどうかを見極めることで、その価値観を具現化していると言えよう。

通常の職能等級のみの企業の場合、個人の持つ能力の高さに応じて昇給・昇格していくことから、会社にとって極めて高度な専門性を持ったデジタル人材を高水準で処遇したい、と考えた場合には、飛び級のような形で格付けを行う必要があり、しかも求められる仕事が変わってもなかなか給与を下げられないといった事態が発生する。その点、YKK グループのようなハイブリッド型の等級制度の場合は、実力等級が見合っていなくても担ってもらいたいポジションに応じて、役割等級を高く格付けることで、柔軟な処遇運用を可能にしている。

③「出島組織」における外部市場価値連動型の報酬制度

3つ目のアプローチは、デジタル人材を受け入れる組織を分社化し、別会社として本体とは異なる人事制度を構築して適用する方法である。こうすることで、自社の独自の企業文化や報酬制度の考え方は保持したまま、それでもデジタル戦略を実現する人材を確保し得る制度を導入することが可能である。前述のA社、B社は有期雇用形態としての報酬水準の底上げ、という考え方であったが、自社から分離した形での戦略子会社を設置し、親会社とは別枠で処遇水準を決定しているという点では同じである。以下で取り上げるC社は、有期雇用形態としてデジタル人材を処遇しているわけではなく、あくまで無期雇用を前提とした正社員のプロパー社員に対して、市場連動型の報酬制度を適用しているケースである。

戦略子会社C社のケース

C社は、メーカーの戦略子会社であり、デジタル時代を見据えたモノづくりの会社の研究開発拠点的な位置付けとして設立された会社である。C社の特徴は、親会社と異なる制度基盤を実現するために子会社化した企業である点、報酬水準は市場価値と連動させつつも勤続加算を用意している点、そして会社目標を個人に落とし込むOKR[7]の評価手法を採用している点である(図表4-24)。

C社が分社化した背景としては、優秀なエンジニアやUXデザイナーを採用する際に、親会社の年功序列的な報酬の仕組みにとらわれない制度を導入したかったという点と、プロトタイプを作成したらすぐ見直しを行うようなアジャイルで開発が自由に行えることを重視した点、大企業の年功序列を離れ、ベンチャー組織のようなフラットな組織文化を構築することを目指した点などがあげられる。いずれにせよ本体では実現できないような制度という

7　OKR：Objectives and Key Results

図表 4-24 ▶ C社の特徴

1. 子会社化の目的
脱年功的な給与制度、アジャイル開発、フラットな企業文化の実現を意図し、親会社と異なる制度基盤を実現するために子会社化

2. 報酬
処遇は年俸制で市場価値や前年評価に基づいて毎年給与更改を行う。別途勤続加算金を行うことで、従来的な企業の定期昇給的な仕組みと両立

3. 評価
チームの中で360度評価を実施。評価手法は、チャレンジを後押しするOKR（※）を採用

※ OKR：Objectives and Key Results
（出所）C社インタビューより作成

ハード面にとどまらず、組織風土も親会社と切り離したところで作り上げていくことを重要視して「出島化」したと言える。裁量労働制を採用し、副業も認めるなど、伝統的な製造業とは異なる特徴を備えている点も、異なる人材像を採用・定着させたいという意図が見える。

同社の等級制度は５つのランクを設定している。同一の役割に対して同一の給与ではなく、一定の幅を設けたレンジ給を採用し、外部から人材を調達した際には、契約した報酬金額に見合う役割を、「採用した金額ありき」で格付けしているという。そのため採用時からディレクタークラスになる社員も存在する。また、ランク別の水準幅は、親会社の報酬制度の水準幅を基に設定しており、C社の非管理職層の給与レンジが、おおよそ親会社の管理職層の初任格付け（管理職に昇格して最初のランク）のレンジに近い水準となるよう設定されており、非役職者であっても、親会社の管理職を上回り得る水準となっている。なお、プロパー社員の採用は基本的に無期雇用形態である（図表 4-25）。

プロパー採用される社員の報酬はすべて年俸制であり、賞与は年二回であ

図表 4-25 ▶ C社の報酬レンジイメージ

役割に基づいたランクが5つあり、それぞれ役割に応じた一定の給与幅を持っている

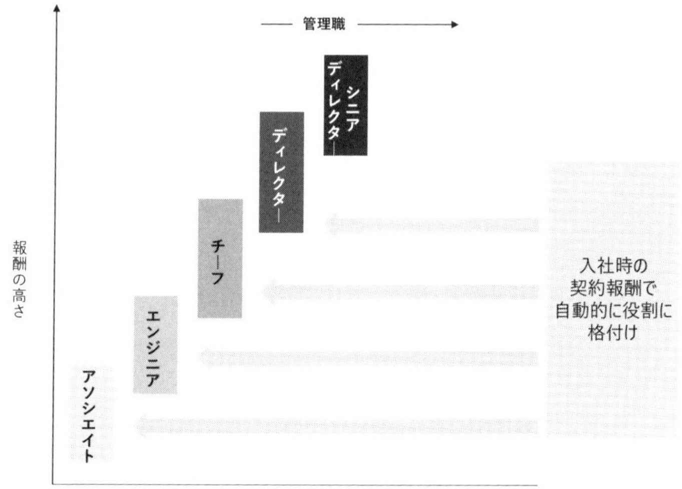

（注）報酬レンジの幅はイメージ
（出所）C社インタビューより作成

る。入社時は前職の給与と市場価値を総合的に勘案して初年度の年俸を設定する。毎年の年俸更改があるが、その際には前年の評価の結果と、その時の市場水準に合わせて見直しを行っている。また、市場連動の年俸をベースにする一方で、勤続の経験値に基づく習熟や、「長く勤めていること」を一部処遇へ反映するという形で、長期勤続のインセンティブとなるような仕組みを導入している（図表4-26）。

同社の評価制度は、一定のチームの中で同僚やチームリーダーからの評価を行う360度評価を採用している。また、具体的な手法はOKRを用いることで、よりチャレンジングな目標設定を行い、その達成度を評価している。

多くの企業で業績評価の手法に用いられているMBO[8]とOKRとの主な違いは、図表4-27の通りである。最も大きな違いは、最終的に導き出される

8　MBO：Management by Objectives

図表 4-26 ▶ C社の報酬制度概要

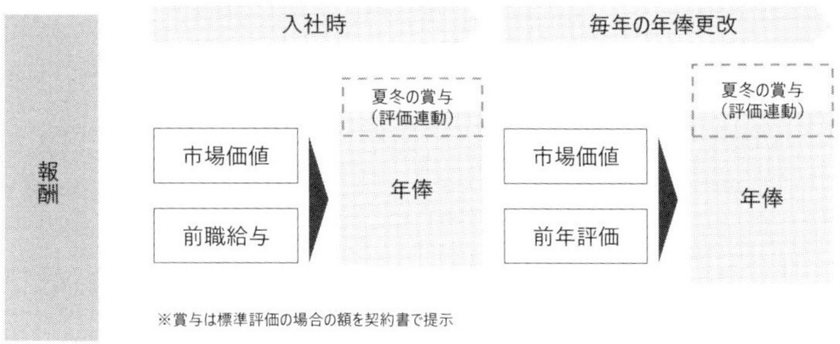

（注）賞与は標準評価の場合の額を契約書で提示
（出所）C社インタビューより作成

査定の結果が、OKRでは処遇に必ずしも直結する評価ではないということである。組織の方針や目標を落とし込み、全社業績の達成につなげていくという点では同じだが、OKRはより業績管理の性格が強く、目標達成の結果を、人事評価とは切り離している。また、MBOによる評価は、自身の評価が下がらないよう、自身が達成できそうな得意な目標レベルを設定してしまうということがあるが、OKRでは、6～7割の達成度を求め、かつ処遇へ機械的に反映するわけではないため、あえて本人による達成が難しいような野心的な目標を設定しやすい仕組みとなっている。Googleやインテルなどのグローバル IT 企業なども、近年OKRを取り入れており、従来型のMBOの弱点を克服し得る仕組みとして、特に業界の外部環境の変化が速い業種の、評価制度の新たな潮流として注目されている（図表4-27）。

このように、C社は親会社の企業文化から一定の距離を置いた組織を構築しようとしている点が特徴である。ダイバーシティの面からも同様の姿勢が見られ、優秀社員は国籍を問わず、外国人社員も積極的に採用している。一方で、勤続のインセンティブの設定や、いわゆる日本企業的な福利厚生の充実など、親会社の日本型雇用の長所と言える施策を取り入れており、市場連動型報酬制度の中でもバランスの取れた仕組みを模索・実行していると言えるだろう。

図表4-27 ▶ OKRとMBOとの比較*

OKRの達成率は100%ではなく、60〜70%を目指す。達成率は考課決定の参考にとどめる

項目	OKR	MBO
目的	・**チャレンジングな目標を**全社員に共有・展開し、フォーカスを絞った上で活動させることによる**会社全体の目標達成** ・取組む目標を意識させることによる**人材の育成**	・各階層の従業員の取り組みによる**会社全体の目標達成** ・目標達成の結果を基にした**評価と処遇の決定** ・取組む目標を意識させることによる**人材の育成**
目標設定イメージ	・チャレンジングな目標と、それが達成されたことを示す主要な結果指標を原則3つ設定 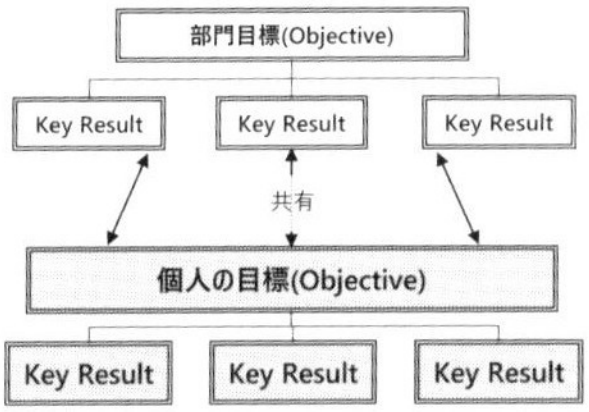	・所属組織の方針を達成するために、個人に落とし込まれた目標を設定 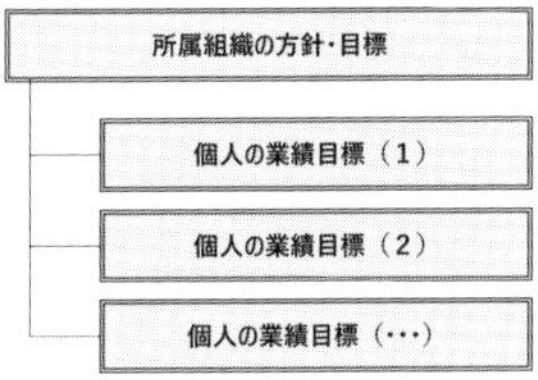
考課への反映	・結果を**参考に考課を決定**	・結果を**点数化したものに基づいて考課を決定**
マネジメントサイクル	・4半期〜半期単位	・半期〜年度単位

※OKR：Objectives and Key Results　MBO：Management by Objectives
（出所）野村総合研究所

コラム　給与体系の抜本的変革が難しい場合

外部市場価値連動型の人材を処遇するためのアプローチの１つとして、制度の抜本的な変革や、有期契約による雇用区分の新設、出島組織での処遇などのアプローチを紹介してきたが、従来の自社の報酬制度が持つ競争力や事業の性質を踏まえ、どうしても抜本的な改革に至らないケースもあるだろう。外部市場価値連動型の報酬制度を根幹に据えない方向性としては、職務に紐づいた手当で報いることで、特定の職務に従事する社員に対し、市場価値に即した報酬水準に持ち上げる、という手法もある。

手当で報いるICTプロフェッショナル制度

先述のDNPでは、2019年度からの制度改定で、ICTプロフェッショナル制度を新設した。これは、近年のICT人材の市場価値の高まりを踏まえ、優秀人材の確保を目的とし、実際に担っている業務に合わせて時限的な手当を支給するものである。職務に紐づいた報酬項目であるため、市場価値連動型の職務給の変型として捉えることができる（図表4-28）。

具体的には、一定規模以上のプロジェクトマネージャーを務める社員に対して、例えば50人月以上の工数をかけるプロジェクトであれば月３万円の手当を、100人月以上の工数をかけるプロジェクトであれば月６万円を支給する。なお、プロジェクトによっては規模だけでなく難易度等も勘案して総合的に支給の可否を決めることとしている。まずはプロジェクトマネージャーを対象とした制度となっているが、同社では今後、ICTビジネスにおける新たな手当の設定を検討しているという。

職務に応じた手当であるため、デジタル人材の処遇水準を上げるために、市場との連動性を意識した給与テーブルの設計をすぐに行うことが難しい企業にとっては有効な仕組みと言えるだろう。支給要件が明確であれば、手当は着脱が可能であり、特定の期間が終われば支給を停止することができ、まさに職務に紐づいた形でフレキシブルに支給することが可能である。そのため、比較的制度改定に

図表 4-28 ▶ ICT プロフェッショナル制度

目的	● ICT人材の市場価値の高まりを意識した、優秀人材の確保
概要	● ICT分野の業務において、一定規模以上のプロジェクトマネージャーを務める社員に対し、プロジェクト規模に応じた手当を支給（四半期ごとに進捗を判断） ● 今後は適用対象を拡大することを想定 **手当支給の例**　プロジェクトによっては、規模だけでなく工期の妥当性や難易度等で総合的に判断する

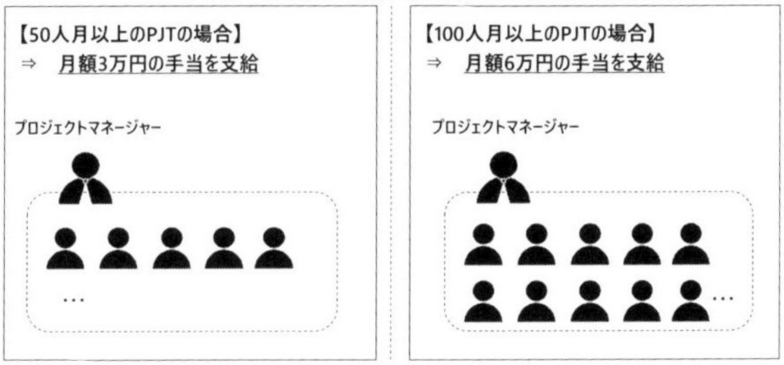

（出所）大日本印刷株式会社 プレスリリース　2019 年 6 月 4 日　及び同社インタビューより作成

おけるハードルは低いと言える。

このように、導入のハードルが低いこと、また特定の職務に応じた金額を個別設定できることがメリットとしてあげられる。加えて、希少なスキルセットを持つ人材に担ってもらいたい職務を定義し、その仕事に「値付け」をまずは行うという意味で、職務基準にシフトしていきたい企業の移行期の対応としても有効な施策と言える。

DNP では、担う職務に応じたフレキシブルな支給項目としての手当として、ICT プロフェッショナル制度の運用が開始されて間もないが、早くも効果が発揮されたようだ。同社の技術開発系の幹部社員は、「昨年から導入しているが、手当導入後、プロジェクトマネジメントにおけるクオリティが上がった。社内的にも、プロジェクト期間限定の手当ということでわかりやすく、担う社員のモチベーション向上に繋がる結果となったことを実感している」（同社幹部社員）という。

市場の報酬水準に合わせた、より魅力的な報酬水準を提示する、という意味合いだけでなく、デジタルシフトしていくために必要なプロジェクトの重要性を、社内的なメッセージとして伝えやすい、という効果もあったようだ。デジタルシフトが求められる企業にとって、自社の事業戦略上特に重要性の高いプロジェクトに対して時限措置的な手当を支給する対応は、社外人材の獲得以上に、社内の既存人材に伝えやすく、理解を得やすい、という効果も期待できる。

それではデメリットはないのだろうか。職務に関する手当に限った話ではないが、多様な職務に対して手当を乱立すると、支給ルールの管理や基準の例外対応など、運用負荷が高くなり、シンプルな人材管理・運用が難しくなる点が懸念される。例えば、このプロジェクトでは途中で難易度が変わったが、支給水準はそのままでよいのか、という声が上がることが想定される。また、「基準は公平なものなのか、そして誰がその基準を決めるのか、は慎重に進める必要がある」（同社幹部社員）という。

手当の新設をためらう企業では、運用上の難しさに加え、「一度手当を支給してしまうと、ローテーションが難しくなる。異動させたら賃金が下がるなんて反発されないだろうか」という声が人事制度改定の中では上がることがある。しかしながら、柔軟な処遇の上げ下げを可能にする賃金制度の設計なくして、外部市場価値に基づいた報酬体系の構築は難しいだろう。手当に限らず、実際に担っている仕事内容やそのレベルに応じて処遇が変わり得ることを前提とした仕組みを検討することが望ましい。

3 デジタル化のステージに合わせた外部市場価値連動型への移行

事業の状況や得たい成果に応じてアプローチは変わる

有期雇用形態で既存の序列・枠組みから離れた処遇を行う方針、外部市場価値連動型の職務給と能力給のハイブリッド型の採用、そして「出島組織」における外部市場価値連動型の給与制度という3つのアプローチを紹介してきた。それぞれで共通するのは、デジタル人材の処遇について外部市場価値に連動させることが重要だという点である。外部市場連動型の報酬制度を導入するにあたっては、自社にとって上記3つのどのようなアプローチが適しているかをまず検討する必要があるが、企業の業種や事業戦略、組織、人員構成など様々な要因があるだろう。ここでは自社の事業の状況と、人材戦略において得たい成果に着目し、望ましいと考えられるアプローチ方法の選択の仕方について整理したい（図表4-29）。

まずは、自社の事業の状況として、デジタル戦略を推進する中で、新たな

図表4-29 ▶ 事業の状況別のアプローチ

	自社の事業の状況	人材戦略において得たい成果	とりうるアプローチ
1	● デジタルによる、新たな事業の創出や既存事業の高度化を志向 ● デジタル事業の創業期	新たなビジネスモデルを構想できるデジタル人材の**質的充実**	**有期雇用形態の活用**
2	● デジタルによって生み出した新たなサービスをよりスケール化させることを志向 ● デジタル事業の成長～成熟期	創出したデジタル事業のサービス品質を向上し、安定した運用ができる、デジタル人材の**量的充実**	**"出島組織"における外部市場価値連動型の報酬制度**
3	● 自社の非デジタル事業を縮小し、全社大でのデジタルシフトを志向	全社改革を志向した、市場価値連動型の報酬制度への**線引きのない変革**	**職務給と能力給のハイブリッド型の報酬制度**

（出所）野村総合研究所

ビジネスモデルの創造や自社の既存事業をデジタルの力で高度化したい、という方向性を志向する場合を考えたい。例えばまったく異なる分野で新たな事業の芽を育て、自社の製品や既存のサービスをデジタル化による高付加価値化するといった状況が想定される。このステージの場合、求める人材は、新たなビジネスモデルを構想できるビジネスデザイナーのようなデジタル人材であり、そうした人材を少数精鋭で確保する、いわば質的充実が目指すべき人材戦略上の成果と言えるだろう。このような場合は、実現したいプロジェクトを担うための精鋭人材をピックアップするべく、自社の賃金序列とは別の枠組みの中で、すなわち有期契約形態にて高水準の条件を提示することで受け入れ態勢を確保することが合理的とも言える。

次に、既に開発されたデジタルサービスの規模を拡大させ、収益の柱として事業拡大していきたいというステージにいる場合である。この場合は、少数のデジタル人材だけでは不十分であり、様々なIT基盤の整備やアプリケーションの開発を主導しマネジメントできるプロジェクトマネージャーやアプリケーションエンジニアなど、一定の規模のデジタル人材の確保が求められる。いわばデジタルサービスの成長～成熟期に当たるようなステージでは、自社内で大量に育成することはもちろんのこと、これまでの人事制度のままで一定規模の人材を外部から調達することも難しい。むしろ、機動的な意思決定や、独自の企業文化の醸成、親会社とはまったく異なる人事制度を導入・運用できる出島組織において、外部市場価値連動型の報酬制度を導入し、人材確保を狙うアプローチが望ましいだろう。

最後は、自社が既存の事業を縮小・撤退し、全社大でデジタルシフトを志向した事業ポートフォリオ変革を志向する場合である。この場合、自社の「既存の人材」と「デジタル人材」との線引きは不要であり、全社大で人材マネジメントの根幹となる等級制度や報酬制度を見直す必要がある。外部市場価値連動型の職務給へ一足飛びに変革していくことはハードルが高過ぎるのであれば、外部市場価値連動型の職務給と能力給のハイブリッド型を採用するアプローチも考えられる。

図表4-30 ▶ デジタル人材の区分と職務・スキルとの親和性

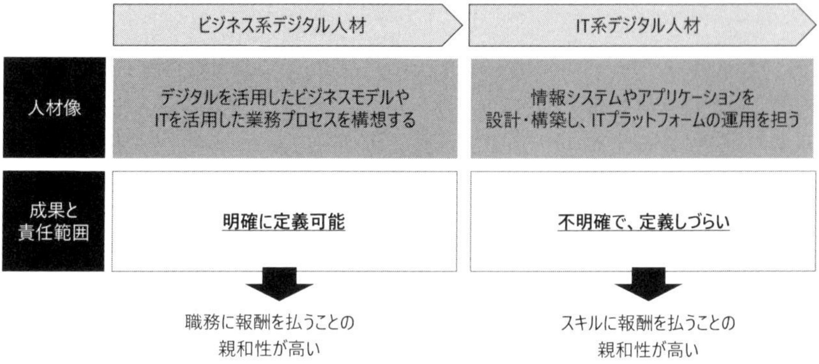

（出所）野村総合研究所

このように、自社のデジタル化のステージに応じて、自社が獲得したい人物像や規模は異なる。同様に獲得したいターゲットに対して、外部市場価値連動型の報酬制度を検討する際に、職務基準とするのか、能力基準とするのかについても、自社が求める人材像に依存すると言える。すべてのケースに必ずしも当てはまる訳ではないが、図表4-30のように、デジタル人材の人物像と合わせて、いずれの基準が好ましいか整理してみたい（図表4-30）。

新たな事業の種を生み出しつつ、事業化へ結びつける試行錯誤が求められるような、「ビジネス系デジタル人材」は、デジタルを活用した事業開発、ビジネスモデルの構想までが期待されている。そしてそれを担うビジネスデザイナーやITアーキテクチャーといった職種やその責任者に対して、求められる成果や責任範囲が比較的明確といえるだろう。わかりやすく仕事の内容を定義可能である点を踏まえると、処遇としては職務給として外部市場価値連動させる方針が望ましい。

一方で、事業拡大を推進していくステージにおいてより多くの人数が求められる「IT系デジタル人材」は、サービスの高度化や安定的な運用等、多様な機能や役割が求められることから、その都度見直しが必要になる成果や責任範囲を画一的に明示することはやや難しい。またこれらの職種においては、専門スキルに加え、事業運営していく中での価値創造よりも課題解決がより求められるだろう。こうした人材に対しては必ずしも職務ではなくスキルを外部市場価値連動させた上で処遇することも考えられる。

職務の総量をモニタリングする仕組み

デジタル時代には外部市場価値連動型の報酬制度が望ましいと述べてきたが、自社で採用するにあたっては、持続可能な仕組みを志向することも重要である。外部市場価値連動型の職務給を導入する際、当該職務の責任やミッションの大きさを測定し明確に定義することで、外部市場価値と連動させやすい職務等級に基づいた報酬水準の設定が可能になる。

一方で無制限に新しい仕事・職務を現場が作ってしまうことで、人件費管理がコントロールできなくなるとの懸念もあるだろう。高付加価値な仕事を行っている、高度なスキルが求められる職務だから、といった理由で高額な報酬での採用や格付けが無秩序に行われることをコントロールする必要がある。そこで自社における職務の価値付けをモニタリングする仕組みが必要となってくる。ここで求められる仕組みとは、外部市場価値連動型の人材に対し、評価者がマーケットを意識して適切にリソース配分ができるためのモノサシを持つということである。

こうした仕組みがないと、そもそも会社や事業にとってその職務が必要なものなのか、業績と連動させてみたときに妥当なのかがわからないままポジションのみが乱立してしまう恐れがある。

そうした仕組みを取り入れている事例として、例えば職務基準の報酬制度を採用しているある企業では、自社の持つ職務に対して、自組織への影響度合い／その職務を担う人材が実践する折衝（駆け引きや交渉）の難易度やその対象／職務に求められる革新性等を基に評価を行いポイント化する「ポイントファクター方式」と呼ばれる手法を用いて職務の評価を行っている。そこで、事業別あるいは組織別に、定義した職務を担う社員が何名いるかをリ

図表 4-31 ▶ 職務評価および総量管理のイメージ

		影響	貢献	折衝レベル	革新	…	合計	職務等級
1	職務A	4	4	3	4	…	56	JG4
2	職務B	4	4	3	2	…	50	JG3
3	職務C	4	3	3	2	…	49	JG3
4	職務D	3	3	1	2	…	42	JG2

各項目について得点を付与し、
ウエイトを乗じてポイント化する

- 職務の総量を事業・組織別に管理／モニタリング
- 業績に応じて、適切な職務の量になっているか、職務の貢献度を確認

γ事業
β事業
α事業

職務等級	①在籍人数	②ポイント（等級別中位）	①*②合計値
JG8	…	…	…pt
JG7	1名	…	…pt
JG6	0名	…	…pt
JG5	5名	…	…pt
JG4	8名	…	…pt
JG3	2名	…	…pt
JG2	14名	…	…pt
JG1	22名	…	…pt
計	XX名	…	…pt

（出所）野村総合研究所

スト化し、職務等級に基づくポイントの平均点から、合計点数を算出してモニタリングしている。

ただし、職務給を採用していない会社においても、自社の事業の状況に合わせて賞与額を調整する等の人件費管理を行うことは通常の運用である。ここでいう職務総量のモニタリングとは、職務価値の総量指数（各職務に対し、評価ごとに付与される得点をポイント化したもの）を設定し、経年でチェックあるいは、会社や事業の業績に応じてその指数が適切に連動しているかどうかを確認することで、組織としての職務に対する価値付けを検証する仕組みである（図表 4-31）。

過去からの事業規模（事業業績）に鑑み、職務の総量の拡大・縮小がなされているか、一人当たりの売上高はどのようになっているか等を、職務評価委員会と呼ばれる事業別に設置された会議にて確認する。こうすることで、事業に設置されている職務が、本当に妥当なものなのかどうかを検証しつつ、また会社にとって必要な値付けを適時に行いながら人材獲得を行うことが可

能となる。好業績を上げられない事業について、総量指数が高い場合は、高い指数の職務を担うポジション数の削減等や、本当にその職務がどの程度事業成長に貢献しているかを検証する必要があるだろう。

4 デジタル時代の評価制度の潮流

デジタル時代に固有の「評価の目的」は存在するか

デジタル時代における人材獲得のために求められる報酬制度について、事例を基にそのエッセンスを述べてきた。人材に求められるスキルやリーダーシップは固定的ではなく、世の中の動きに合わせて可変的であることを踏まえた外部市場価値連動型の仕組みが望ましいというのが、報酬制度に関する主眼の１つである。

さて、ここでは獲得した人材のリテンションに大きく関わる評価制度について取り上げたい。デジタル時代に求められる評価制度とは、どのようなものが望ましいのだろうか。

そもそも企業における人事評価の主要目的は、①職務の取り組み状況や結果に対するフィードバックを通じた人材の育成　②評価を踏まえた査定を決定することによる処遇の決定　③評価制度を通じた経営からのメッセージの伝達等である。

確かに、デジタル時代は企業が求める人材の要件や人物像は従来とは異なる部分もある。一方で、成果・結果、リーダーシップやコミュニケーション能力等、評価制度上のフレームワークや、人事評価の３つの主要目的（人材育成・処遇決定・経営からのメッセージの伝達）は変わることはないだろう。また、デジタル人材であっても、育成や動機づけに必要な仕組みは、充実した研修や、成長に必要な機会の付与、スキルを切磋琢磨しながら磨くことのできる社内環境であることも変わらないだろう。

図表 4-32 ▶ デジタル時代の事業運営のトレンドと評価の考え方例

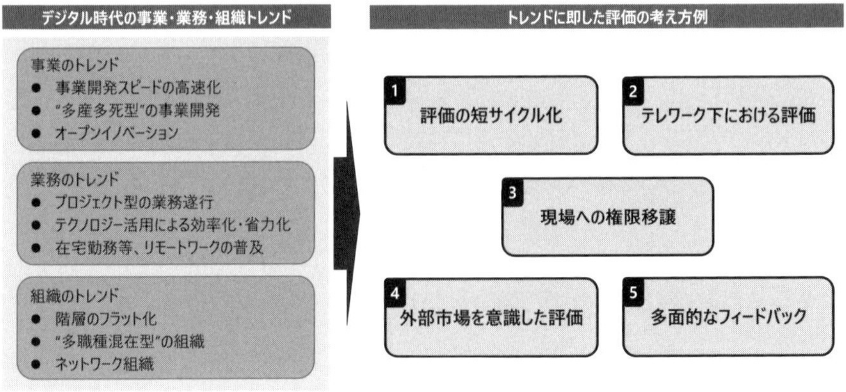

（出所）野村総合研究所

評価を通じて、人材の内省を促し、今後の課題を上司から伝える適切なフィードバックが育成のベースである。それは通常の優秀な人材を育成する際の評価の仕組みと大きくは変わらない。その一方で、デジタル時代においては、業務の進め方や組織体制など、企業の事業運営そのものが大きく変化することが求められる。評価制度上の仕組みの中には、そうした事業運営のトレンドに合わせてより適した形に適合させていくことが必要である。

デジタル時代の事業運営のトレンド

本稿では、企業の事業運営のトレンドを、「事業開発」「業務」「組織」の各観点に分解し、それぞれのトレンドに即した評価制度の特徴的な施策を紹介したい。施策の中には、通常の人事課題を踏まえた評価制度の見直しの際にも参考となる要素があるだろう。ここではまず、デジタル時代の事業開発・業務・組織のトレンドを概観し、トレンドに即した評価の考え方を考察する（図表 4-32）。

事業開発のトレンド

現在のデジタル化の波に挑戦すべき変革においては、事業環境がめまぐるしく変化することを踏まえ、スピード感のある意思決定を行うことが従来にも増して重要である。新たな事業開発を行う中では、中身を吟味し、事業構想を丁寧に精査した肝いりの種に投資するより、多くの種をまきつつ、創造とリストラクチャリングを継続的に行う「多産多死型」の事業開発が求められるだろう。プロダクトのライフサイクルが短くなった時代の評価制度のあり方は、評価手法や期間、そして評価基準そのものにも変化をもたらすことが想定される。さらに、社外のベンチャー企業や大学等から新たな技術やアイデアを集約して生み出すオープンイノベーションによるビジネスモデルの開発も、デジタル時代の事業開発のトレンドといえる。同じ会社内のメンバーのみで構成されたチームではなく、社外パートナーとの事業開発の機会も増えることもあるだろう。事業開発のチーム編成の変化により、バックグラウンドの異なる人材との協業が出来る人材こそが評価される等、求められる要件の変化に伴い、評価基準が変容していくことも考えられる。

業務のトレンド

デジタル時代において、安定的な事業運営や高度化だけでなく、新たな事業の創発や、業務プロセスの抜本的な改革のためには、時限的なプロジェクト単位で業務を行うことが望ましい。こうしたプロジェクト単位での業務遂行は、機動的な業務改廃のあり方として主流な働き方になっていく。関連して、仕事のサイクルが会社の既存の事業サイクルや会計年度のサイクルと一致しないことも多く発生するだろう。こうした流れから、従来型のPDCAサイクルもプロジェクト単位で実施する等、短サイクル化が進むと考えられる。

さらに、業務の電子化やRPA[9]などに代表される自動化、抜本的な効率

9　RPA：Robotic Process Automation

化や省力化も進む。こうした潮流に即した形で、一人ひとりの定型業務が減少し、より付加価値の高い業務へシフトしていくことが求められ、形式知となった業務に対する能力の熟練度合いは評価されなくなる可能性がある。逆に、定型業務の自動化に必要なテクノロジーを使いこなすことそのものが、評価の観点に取り込まれるなどの変化も考えられる。

加えて、業務の電子化やICT技術の発展、官民を挙げて働き方改革実現を推進する中で、テレワークの普及促進が進められている。新型コロナウイルスの感染拡大は、企業のテレワークを含めた働き方や業務の見直しを迫り、リモート化の促進は今後も継続される見込みだ。各社各様の試行錯誤を続ける中、いかにしてオフィスにいない社員の働きぶりを評価していくか、という命題に対しては、上司によるタスク（目標）の明確化に加え、納得感を高める評価を行うために、従来以上に上司と部下のコミュニケーションが求められるだろう。

組織のトレンド

破壊的なビジネスモデルへの転換が求められる中では、組織の新陳代謝が重要であり、従来の社内の序列からの脱却が肝となる点は、報酬制度の改定の観点でも繰り返し述べてきた。組織のフラット化は、意思決定スピードの向上に加え、柔軟な人材配置を可能にし、年齢が比較的若い社員でも経営層へ登用可能な仕組みとなり得る。また、デジタル化を進めるにあたり、事業開発スピードが上がることに伴い、ビジネスモデルを構想・具現化・運用する一連のプロセスを小回りの効くチームで行うことが増えてこよう。その際、これまで以上に多様な職種が1つの組織内に混在することも多く発生することが考えられる。そのような「多職種混在型」の組織では、通常の事業に紐づいたレポートライン上の組織長だけでなく、その職種特有のスキルや専門知識に造詣がある人材が評価に関わることで、多面的な評価による人材育成を行う必要性が出てくる。

そもそも以前から役職定年等により年下の上司が評価を行う、ということ自体はめずらしいものではないが、今後、組織のフラット化や「多職種混在型」の組織の傾向が進むと、360度評価のような多面評価が、実態に即した評価手法として主流となるかもしれない。

また、異業種や外部との協業による事業拡大が進む中、指揮命令系統は緩やかだが、有機的に社内外と繋がるネットワーク組織の重要性が増すこともトレンドと言える。社内の人間よりも外部組織とのコワークによるオープンイノベーションによってデジタル事業を進める傾向の中では、社内の基準に閉じた評価の物差しで業績や能力を測ることが難しくなることが考えられ、より外部市場価値に即した評価の物差しが求められることが想定される。

これら３つのトレンドが作用した結果とも言えるような、評価制度の領域に起こっている改革の潮流として、①評価の短サイクル化、②テレワーク下における評価、③現場への権限移譲、④外部市場を意識した評価、⑤多面的なフィードバックがあげられる。それらの現象に対応する、評価制度の考え方を紹介したい。

①評価の短サイクル化

評価のサイクルは通常、会社の事業のサイクルと合わせて半期ごと、あるいは通期ごとに行うのが一般的であろう。多くの会社で会計年度の期末は査定の季節である。上司が期初に目標水準を確認し、期末の面談を通じて達成度を確認、評価を行うのは業績管理の手法として多くの会社に取り入れられている。デジタル時代において目標管理の手法そのものがそぐわない、という訳ではなく、実態としてのビジネスのサイクルと、半年や一年といったスパンで管理される目標に基づいた評価とが合わなくなっていることから、特に事業スピードの速い業界において、評価の短サイクル化の動きが見られる。

例えばIT分野用語だった「アジャイル（俊敏さ）」という手法が人事分野でも進んでいるとされており、より速やかに人事業務を回していくことが求められつつある。デジタルビジネスに限った話ではないが、期間が流動的

図表4-33 ▶ A社の評価要素の全体像

プロジェクト評価が総合評価の過半数を占めている（○○%で示されるウエイトは一例）

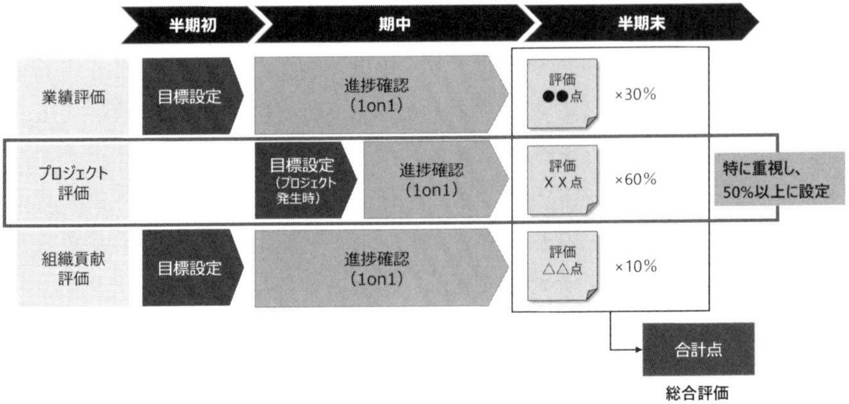

（出所）A社インタビューより作成

かつ短～中期のプロジェクトに従事する社員については、半期の目標設定はあまり意味をなさない。前述のデジタル戦略子会社A社では、評価は個人の業績評価・プロジェクト評価・組織貢献評価にて構成されている。処遇決定に用いられる総合評価は、これらの評価結果の各評点に対しウエイト（○○%）を乗じた評価点の合計点から決定している。アサインされた職務とそのチーム単位で評価を実施するプロジェクト評価は、全体のウエイトのうち半分以上に設定するなど、評価の中でも特に重要視している（図表4-33）。

事業のスピードに対応するという側面に加え、こうしたプロジェクト単位の仕事に就く人材においては、組織図上の上司と、プロジェクトをマネジメントする上司とが一致しないこともめずらしくない。プロジェクト単位の評価は、業務の実態と自身のレポートラインとのズレに対応する仕組みと言える。

評価の短サイクル化は、個人のモチベーション向上に役に立つ側面もある。個人の頑張りに対して、一定の期間をおいて評価結果をフィードバックするのではなく、タイムラグを限りなくなくすことで個人の動機づけに効果的に寄与する仕組みといえる。また、例えば基本給の昇給への反映を臨時的に行うのが難しい場合は、賞与への加算金として反映する等、短期の評価結果をいち早く具体的な処遇へ還元することで、個人の動機づけに対する大きな相乗効果も期待できるだろう。

②テレワーク下における評価

デジタル時代は業務プロセスを抜本的に変えていく。デジタル化の進展に伴う業務分担のあり方の見直しや、ICT技術の発展、近年の働き方改革、そして直近の新型肺炎の影響により、今後も場所を選ばない多様な働き方が促進されるだろう。テレワークの環境下においては、お互いの勤務状況や働きぶりが把握しづらいことから、どのように評価を行えばよいか悩む管理職もいるだろう。実際に筆者が各社の人事担当者からよく聞く例としては、テレワーク以前に、出社している場合でもフリーアドレス（座席を固定とせず、自由に席を選べるオフィススタイル）等により、勤務状況がわからないため評価が難しい、という意見もあった。

確かに、特に週の半分以上を在宅勤務となっている社員に対し、以前と全く同じように評価を行うのは難しい。一方で、対処の考え方のベースとなるのは、上司と部下の間におけるタスク（目標）の明確化とコミュニケーションの強化に尽きる。

お互いの働きぶりが見えづらくなる環境下においては、評価者と部下の間におけるタスク（目標）や成果の定義を、これまで以上に十分に理解し共有することが必須となる。目標管理制度を用いた評価制度を用いている企業の場合は、被評価者が設定する目標を、その達成状態や期限、アプローチを明確化するという目標設定の基本を徹底することも有効だろう。

なお、職種にもよるが、テレワークで業務の状況がわかりづらいからといって、一概に成果主義に偏り、数値目標に大きなウエイトを置けばよいかというとそうではない。特にメンバークラスの社員においては、具体的な数値成果を創出できなくとも、そこに至るまでのプロセスを丁寧に評価してあげることが人材育成につながる側面もあるためである。もちろん成果を重視すること自体は否定できないが、何をもって成果とするのか、という共通認識を持つことで、評価の納得度合いが高まるといえる。

また、顔が見えない状況だからこそ、上司部下双方が積極的なコミュニケーションをとり、業務進捗や課題を共有することが求められる。評価者は、部下への適切な役割やタスク分担を行う中で、部下の働きぶりに関する情報をこれまで以上に収集する必要がある。例えば週次での面談を実施する、被評価者からの周辺社員からの情報収集等が考えられる。一方で、被評価者の方も従来以上に積極的に、自身の働きぶりをアピールする気持ちで情報共有することが重要と言えるだろう。

テレワークが働き方の恒常的なオプションとなっていくことを前提とする場合、労務管理やセキュリティの課題、そして働き方の変化に伴う人事制度の改革もより一層求められていくだろう。それと同時に、特に人材の評価については、各人のタスク（目標）の明確化やコミュニケーションの強化といった、上司のマネジメントスタイルの変革が求められるのではないだろうか。

③現場への権限委譲

いわゆる目標管理を行う中での業績評価は、期初に目標を設定しても、例えば半年後までにその目標に対する外部環境が大きく変わってしまい、期末に目標の達成度を測り、SABCDといった評語を決める（レーティング）ことの意味合いが小さくなってしまうことがある。こうしたことから、処遇決定のための人事評価結果である評語を導出しない、ノンレーティングという動きも出てきている。

ノンレーティングは、人材の育成という本来的な評価の目的の１つに照らしたときに、多大な工数をかけて評語を導出することの意味合いがどこまであるのか、という問題意識から、評語をつけることそのものを辞めるという発想に至ったものである。ノンレーティングの導入例として目立つのはアメ

図表 4-34 ▶ ノンレーティングのポイント

- 年度目標設定、中間レビューを廃止する代わりに頻繁にフィードバックを実施し、リアルタイムで目標と実績の振り返りを行う
- 賞与用の評語決定は行わず、会社から賞与ファンドがライン長に与えられ、個別の賞与金額をライン長の意思で決定する

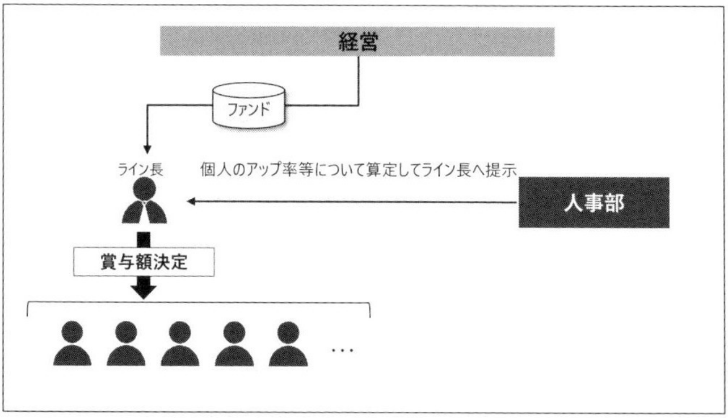

（出所）松丘啓司『人事評価はもういらない　成果主義人事の限界』ファーストプレス　2016 年より作成

リカのグローバル企業だ。ノンレーティングでは、年度目標の設定や中間レビューを廃止する代わりに、スピード重視のリアルタイムな対話を重視した目標管理を行うという考え方が採用されている。しかしながらノンレーティングの本質的な特徴は、業務を管理・マネジメントをするチームに対してより権限を委譲するという意味合いも大きい。ノンレーティングは、従来のように、本社の人事部門によって全社の評価調整を行い、最終的な評語を確定するというプロセスを行わない代わりに、現場の管理職に自身の部下に対する賞与を中心とした報酬の原資（ファンド）を渡す、という考え方である(図表 4-34)。

ノンレーティングは、現場の管理職に大きな権限を渡す一方で、マネジメント側が評語を出さないことの難しさもあることから、管理職はどのように原資を配分するのか頭を悩ませることになる。またノンレーティングを行う場合は、評語に代わるフィードバックの仕組みが不可欠だ。メルカリも

2018年にノンレーティングを評価制度に盛り込んだが、より明確なフィードバックの実現、および人事データの活用を目的としてレーティングそのものは復活させている[10]。ノンレーティングは、上司が強固な納得感を醸成できるような日々のコミュニケーションがあり、適時のフィードバックを評語に頼らず行えることを前提として成り立つ仕組みと言えるだろう。

④外部市場を意識した評価

事業環境変化や技術革新のスピードが速いデジタル時代に求められる報酬制度の仕組みとして、外部市場価値に連動した報酬制度が望ましいということは先に述べた通りである。本人の処遇決定に反映する要素としての評価も、担う職務や社内で設定されたコンピテンシーに限らず、会社の外、つまり労働市場を意識して行うことが望ましい。こうした業界内での人材価値を意図した制度を取り入れている企業もある。

大手独立系システムインテグレーターのTISは、会社への直接的な貢献だけでなく、社外での活動を加点要素として評価を行っている。同社では通常業務ではなく、社外を含めどのような活動実績を残したかを申告し、実績が認められれば評価点が加算される仕組みを採用している。具体的な活動としては、技術者向けの雑誌やセミナーでの講演、技術者コミュニティーの勉強会での発表などが含まれる[11]。情報システム業界において、受託型ビジネスが長く続いてきたことにより、最先端の技術に触れて学びたい、と考える人材ほど外部へ流出する傾向が強まっていることを受け、社外で評価される人材こそ評価しないと競争力低下に直結するとの危機感が、この仕組みを取り入れた理由である。

また、社外の市場価値と、社内での価値の尺度、双方を用いた評価を行って給与を決定しているのがサイボウズである。同社では、社員一人ひとりの個性が異なることを前提に、公平性よりも個を重視する、という考え方から、

10　メルカリWebサイト「mercan」https://mercan.mercari.com/articles/2018-10-12-163000/
11　篠原匡他「特集 あなたを鍛える会社」『日経ビジネス』2020年2月10日号

図表 4-35 ▶ サイボウズの給与決定の仕組み

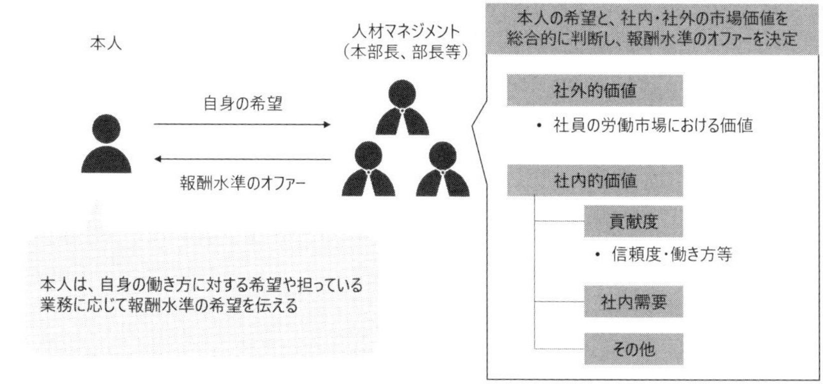

（出所）サイボウズ株式会社運営メディア「サイボウズ式」及び同社インタビューより作成

給与テーブルを設定していない。もっとも、「評価」には、「個人の成長を支援するため」と、「給与を決定するため」という２つの目的があるが、これらは連動はするものの別のものとして捉えて対応している。給与の決定については、個別の社員ごとに、市場価値によって決めているという。社員の市場価値は「社外的価値」と「社内的価値」によって構成され、それぞれを総合的に評価し、個人の報酬額を決定している（図表 4-35）。

本人の社外価値は、本人の保有するスキルや年齢・居住地域などを勘案し、転職した場合の職種の給与水準の相場観などを認識した上で、社外での市場価値は、公的統計などの水準や採用活動での相場観等を参考にしている。また、過去から未来までの年収の推移も踏まえて可視化し、評価者が閲覧できるようになっている。

社外価値に加えて、社内における信頼度・社内での需給バランス・相対感などを基に、社内での貢献価値、および本人の希望も認識した上で、オファー額を設定している。この社内価値の中で重要な位置を占めるのが「信頼度」であり、同社が設定している「スキル」と「覚悟」の項目の掛け算によって評点を算出して設定している。給与決定の例として、社外であれば年収600万円程度の水準が妥当であったとしても、社内での信頼度が低ければ、600万円より抑えた水準を設定する、もちろん逆のケースもある。運用としては、1月～12月の会計期間に合わせ、期末の12月末に評定会議を開催し、次期給与を決定し、フィードバック面談で改定後の給与額を提示している。

⑤多面的なフィードバック

最後に取り上げるのは、いわゆる360度評価に代表されるような、多面的な評価のフィードバックである。上述の通り、プロジェクトベースでの業務が増えるに従い、実際に人材の働きぶりを見ているプロジェクトメンバーと、評価者である上長（当該プロジェクトに関与していないことが多い）との情報ギャップは大きくなるだろう。自分のことをよく理解している人材に、評価やフィードバックをしてもらうことの方が納得感の醸成に繋がりやすい。多面評価と呼ばれる手法を導入していない企業においても、評価者が部下の周りの社員から評判を聞き取って評価を下す、ということはよく耳にする話である。

先述の戦略子会社A社でも、多面評価の考え方を採用している。基本的に顧客やサービスに紐づいたチームを組成し、1つのプロジェクトの中で業務を推進していくことを踏まえ、チーム単位のプロジェクト評価を実施している。成果に対する評価および人材育成は、プロジェクトの責任者が、プロジェクト内での振る舞いや貢献に応じて行う。一方でプロジェクト責任者では、多様な職種が交わる人材の、専門的なスキルや発揮した技能に関する評価や助言は難しい。多職種の人材が1つのチームとなることから、成果物の納期遵守や効率的な開発プロセスに沿ったプロジェクト遂行状況の評価はできても、発揮した専門知識やスキルの状況については、プロジェクト責任者では把握しきれないためである。そのため、A社では、プロジェクトベースでの評価に加えて、職種軸で評価の横串を通す「職種統括」の立場の幹部が発揮スキルの評価を行う多面評価を採用している（図表4-36）。

海外のデジタル企業の例をあげれば、映画のストリーミング配信、オリジ

図表 4-36 ▶ A社の多面的なフィードバック

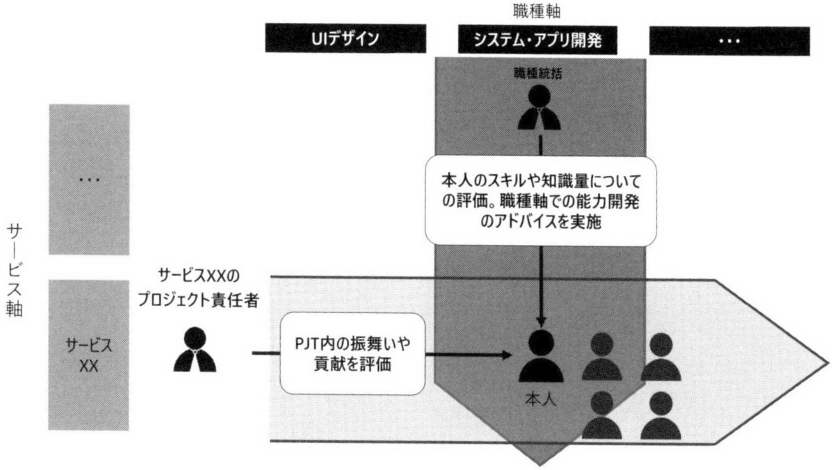

（出所） A社インタビューより作成

ナル・コンテンツの制作・配信を行う中で爆発的な成長を遂げたネットフリックスでは、「徹底的に正直であること」「オープンに議論する組織文化を構築する」ために、“スタート・ストップ・コンティニュー”というフィードバックのエクササイズを導入している。同僚に対して、新たに始めてほしいことを1つ（スタート）、やめてほしいことを1つ（ストップ）、とてもうまくいっていて続けてほしいことを1つ（コンティニュー）伝える、というものである。

当初は経営陣からスタートしたが、オープンに意見を伝える大切さを伝えるため、社員全員が、年に一度のフィードバックデーにて、社内システムから誰に対しても、送りたい相手にスタート・ストップ・コンティニューの形式で送る仕組みを構築した。当初は匿名の仕組みだったが、従業員からの要望で自身の名前がわかる形でのコメントを送る形へと変更した[12]。

上司でもない人からフィードバックコメントを受け取ることそのものについて、抵抗を感じる人も少なくないだろう。しかしながら、既存の序列や年功的な組織を変えようとする企業にとっては、多様な視点からの評価を吸い上げる土壌づくり、新しいマインドや意見を取り入れる風土づくり、そしてマネジメント候補者の「評価能力の育成」のためにも有効な手法と言える。

本章では、可能な限り事例を交えつつ、人事処遇の仕組み、特に報酬と評価について論じてきた。求められる制度は、社内の従来の価値基準や秩序からの脱却がポイントとなり、全社大での制度変更になる場合は特に、一朝一夕では成し遂げられない変革となるだろう。デジタル時代に限った話ではないが、制度改革で重要なことは、作って終わりの仕組みではなく、実際に運用の中で変革を起こすことである。さもなければ、人事部門がいかにピカピカな戦略を描いたとしても、会社全体ではうまく浸透しないだろう。次章では、描いた戦略を、実際の組織の変革に対してより実効性が高い形で落とし込むために必要なステップについて述べたい。

12 パティ・マッコード『NETFLIXの最強人事戦略――自由と責任の文化を築く』櫻井祐子訳、光文社、2018年

第5章

デジタル時代の人材戦略を実現に導く6ステップ

トランスフォーメーションができるかどうか

第３章・第４章では「デジタル時代の人材戦略のあり方」を人材育成体系・処遇制度基盤の両面から論じてきた。

一方でデジタル化に向けた人事・人材戦略や制度・仕組みが明確になっていても、実際にそれを実現できる組織をどう作っていくかはさらに重要な課題となる。本章ではデジタルトランスフォーメーションの「トランスフォーメーション」の部分、つまり「いかにして組織を変革していくか」についてフォーカスしてみたい。

第２章で既述した通り、多くの日本企業には職務等級や役割等級の導入、成果主義の導入など人材・人事領域における変革を試みたものの、うまくいかなかったという苦い経験がある。

デジタル人材向けの新人事制度を適切に作り上げたとしても、実際に現場のマネジメント層へその思想が浸透せず、過去のやり方に固執するケース、例えば本来は担っている職務の大きさによって格付けを行う職務等級を導入したにもかかわらず、実際の運用はその職務を担っているヒトの能力や経験によって格付けが行われてしまうようなケースが往々にして生ずる。

いくら人事部門が、人事戦略の構築や人事制度設計の手法を把握していたとしても、事業の担当役員や現場のマネジメント層といった人事制度や人材育成体系の運用対象者にまで、変革のゴール感や問題意識、デジタル人材を起点とした制度改革の趣旨を適切に浸透し意識変革を促さなければ、変革は以前と同様に名ばかりになるだろう。

デジタル化に向けた人材戦略は改定ではなく変革

デジタル化に向けた人材戦略への変革は、過去日本企業が取り組んだ成果主義やコンピテンシーモデル、タレントマネジメントといった仕組みや施策以上に組織に対して大きなコンフリクトをもたらし、その解決のためには一定のコストがかかることに対しても覚悟が必要である。

そしてデジタル化に伴う新たな人材戦略を浸透させることが、日本企業にとっての大きな覚悟が必要となる真の理由は、日本人の有する「平等・公平精神」の存在である。第４章で述べたようにデジタル人材の処遇は職種特性上、一定程度の流動性を前提とせざるを得ないため「外部市場価値」をベースに設計することが合理的である。一方で特に伝統的な日本企業の社内には非デジタル人材が存在し、その多くは「外部市場価値」が明確でなく人材流動性も低い。

結果として社内には外部市場起点の人事制度で処遇しやすい人材とそうでない人材が混在することとなる。

これまで日本企業は様々な人事改革の場面において「平等・公平精神」から、人事課題に対応するために何とか人事制度を一つの枠組みに「押し込めて」共通のプラットフォームを構築し、運用しようと試みてきたが結局うまくいかなかった。

人事制度のような仕組みにしても、マネジメントのやり方のような運用面に関しても、もはや「過去の平等・公平精神をベースにしたやり方」でできるほど、問題は単純ではないのである。

必要とあれば平等性や公平精神も犠牲にしなければ大きな変革は成し遂げられず、その決断はトップマネジメントの責任にある。と同時にその際生じる様々なコンフリクトはトップマネジメントだけではなく、会社組織のそれぞれの立場のマネジメント層が社員一人ひとりと向き合って解決していかなくては乗り越えられない。

変革を実現するための６ステップ

本章ではデジタル化に向けた人材戦略の策定と実行・浸透において、処遇制度や人材育成体系を抜本的に見直し、変革を実行するだけではなく、様々なコンフリクトを認識、解消、消化していくことで、デジタル人材の獲得や非デジタル人材も含めた組織能力全体を向上させるという真の成果を実現する取り組みを６つのステップで説明したい。

フェーズ１（ステップ１～ステップ３）では、トップと役員層に焦点をあてる。変革はトップの想いとコミットメントから始まり、役員層での全体最適視点による対話を経て、役員陣が一枚岩となってありたい姿・ゴールイメージを作り上げることが重要だ。

フェーズ２（ステップ４～ステップ６）では、事業ごとの役員・現場管理職に焦点をあてる。役員は現場管理職に人材戦略を浸透させ巻き込みながら人材戦略の具現化を図り、現場管理職はマネジメントスタイルを双方向へ転換することでメンバーのモチベーション・エンゲージメントを引き出すことが求められる。モチベーション・エンゲージメントをHRテクノロジーにより定点観測し組織全体でPDCAを回すことでデジタル時代の人材戦略が機能しているかをモニタリングすることも重要だ（図表5-1）。

ここからはステップごとに説明をしていきたい。

図表5-1 ▶ 変革を実現するための６ステップ

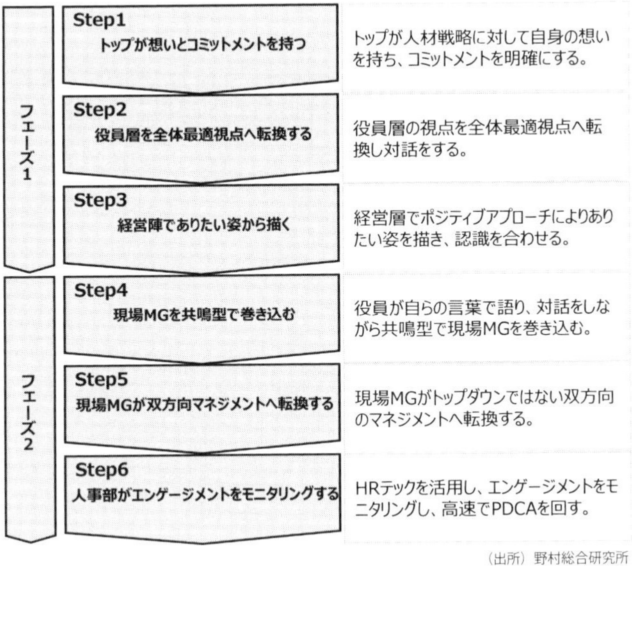

（出所）野村総合研究所

ステップ1　トップが人材戦略に対して自身の想いを持ち、コミットメントを明確にする

デジタル化による事業変革に応じた人材戦略の策定が必要

多くの日本企業は人事課題を経営課題としては捉えずに、人事部門が取り組み解決する課題というスタンスを取ってきた。そして高度経済成長期に作り上げられた終身雇用・年功序列・職能等級といった日本特有の人材戦略を外部環境の変化に応じて少しずつ改善を重ねてきた。

しかし、デジタル化により外部環境に急激な変化が起こっている現在、変革の実現性をヒトの面から担保する人材戦略の重要性は高まると同時に求められているスピード感は極めて速い。そのような状況下では、人材戦略を人事部長や人事担当役員に丸投げし報告を受けるやり方は通用しない。

トップや事業系役員も含めて人事・人材戦略を議論する場が必要である。従来のように人事担当役員や人事部長が経営会議に持ち込み、各役員からの各論の指摘を受け修正し、承認を得るやり方では、事業変革の実現性を担保することはできない。事業系役員も巻き込みながら、役員層で「事業変革の方向性に則した人材戦略」を議論すべきである。

そして事業系の役員を巻き込む上で最も重要なのは、トップが人材戦略に対して自身の想いを持ち、コミットメントを明確にすることである。会社によっては本社機能よりも事業部門のパワーが強く、本社機能側のみの意向で経営課題として取り上げることが容易ではないことが多い。このため、トップが人事課題を経営課題として取り扱うと宣言することが大切だ。

具体的には、人事委員会（人材・人事領域の意思決定会議体）の運用高度化に取り組むことが挙げられる。

人事委員会の運用高度化

コーポレートガバナンスコードの適用によって、ほとんどの上場会社は経

営陣の任用や会社全体の人事・人材面での重要事項を審議する人事委員会が設置されているが、デジタル化による人材戦略を実現するためにはその運用も高度化が必要である。

まず、メンバー構成の見直しが必要である。通常人事委員会のメンバーは、社長・社外取締役・取締役・CHRO（Chief Human Resource Officer：人事担当役員）などで構成されることが多い。メンバー選出時に重視するべきポイントは、事業の中期計画策定に主要メンバーとして関わっており、かつ現場の実態も把握している事業系役員を参加させることである。

そしてデジタル化に伴って求められる人事委員会の運用高度化のポイントは次の３つである。

①人材配置・登用（人材採用・育成も含む）に関する意思決定

１つ目は事業戦略に応じた人材配置・登用（人材採用・育成も含む）の意思決定機能である。新たにデジタル化をミッションとする組織を組成し、外部からデジタル人材を採用するケースや、デジタル化による事業ポートフォリオ組み換えに対応するため、既存社員に対するデジタル関連のスキル習得や若手・中堅層のローテーションなど、これまでとは異なる人材配置・登用のあり方を審議・判断しなければならない。

②「人事中計」の策定と見直し

２つ目は人事中計の策定および見直しの審議、意思決定を行う機能である。デジタル化に伴い人事中計は、全社の中期経営計画はもちろんのこと、事業ごとの中期計画およびその背景にある個別事情を勘案した上で、デジタルによる新規ビジネス推進や業務プロセスの抜本的な改革における実現性を人材・人事面から担保するための計画と位置付けられる。

そのため人事中計の議論には事業系役員を積極的に参加させ、「デジタルによる事業変革の実現性を十分高め得るものか？」「既存社員のリスキルのための施策は担保されているか？」「事業環境の変化により人事中計に修正や調整が必要な部分はあるか」などの観点から審議する必要がある。

③事業戦略の変化に応じた人材・人事制度変革

3つ目は事業戦略の変化に応じた人材育成体系、処遇制度そのものの変革を推進する機能である。デジタル化に伴う人材育成体系の見直しや外部市場価値型の職務等級への変更といったテーマは総額人件費にも大きなインパクトを及ぼす。加えて既存社員の納得性やコンフリクトも考慮しながら、デジタル化に向けた人材戦略を事業系役員も含めた人事委員会で合意形成することが重要である。

ステップ2　役員層の視点を全体最適視点へ転換する

人事課題を経営課題に格上げすることにより、必然的に社内の各領域の担当役員も参画し議論することになる。しかし、新たな人材戦略実行のための議論には、リアルなヒトと組織が絡むため、役員が各領域の利益代表となり個別最適の主張が繰り広げられることが多い。デジタル人材の処遇が既存の事業系人材に比べて高く設定されるケース、あるいは外部市場価値連動型への移行により既存の事業系人材の処遇とデジタル人材の処遇に格差がついてしまうケースなど、既存の事業系役員にとっては受け入れがたい方針も議論の俎上に載るだろう。

トップと人事担当役員が協力して、変革に対する不満やコンフリクトから発生する個別最適マインド・利益代表マインドを払拭し、全体最適視点で対話を進める必要がある。

デジタル化は組織のサイロ化を加速し、個別最適視点を強める

多くの企業は効率的に業務を行うために組織を機能または事業ごとに分け、さらに階層ごとに役割を分けている。分解した機能や事業、役割ごとに責任

範囲や求める成果を明確にすることで、個々人が企業において何をしなければならないのかを把握し、業務遂行が可能となる。また、多くの人事制度は個々人が与えられた役割の責任範囲に応じて、能力を発揮し成果を創出できたかを基軸に評価し報酬を支払う仕組みになっている。

一方、機能や事業、役割を細分化する弊害も存在する。機能や事業、役割を分け、責任に応じた能力の発揮や成果を明確にすればするほど、個々人は自分の責任範囲のみにコミットメントが集中してしまう傾向にある。いわゆるサイロ化（タコツボ化）と呼ばれる現象であり、他の部門との連携や協力が少なくなり、部署長が優秀社員の転出に抵抗するようになるなど、組織ごとに個別最適視点が強化されてしまう。

デジタル化の推進は組織ごとの専門性を高める可能性があり、このことは、上記のサイロ化をさらに促進しその結果、個別最適視点はさらに強まっていくだろう。

デジタル領域の部門・人材のブラックボックス化

デジタル領域の専門性は既存の事業系役員や現場社員にとって理解しにくいため、デジタル部門やデジタル人材が何に取り組んでいるのか、事業に対してどう影響するのかなどがブラックボックス化しやすい。従来以上に部門間や専門領域間でのコミュニケーションや連携を取ることが求められている。

デジタル人材と既存社員の処遇の違いによるコンフリクト

GAFA や IT 企業、スタートアップとのデジタル人材獲得競争により、デジタル人材は給与水準が高騰する傾向が継続している。年功序列で既存事業にて長年頑張っている既存社員の処遇を、新たに外部市場価値連動型の職務等級にて採用したデジタル人材の処遇が上回るなどのケースも十分想定され、既存社員とデジタル人材間でのコンフリクトも発生するだろう。既存事業の社員がデジタル人材を敬遠したり、既存事業の今までのやり方にこだわるなどの個別最適化が想定される。

「自分事化」の温度差

第２章でも述べたようにデジタル人材は、特性面においても非デジタル系の既存社員と大きく異なる。また雇用形態の流動性が高く、会社に対する帰属意識も低くなりがちである。既存社員の既存事業に対する想い入れと比べて、会社や事業に対する自分事化の度合いに温度差が生まれることもある。

サイロ化による個別最適志向が進むことで、人事委員会において人材戦略の方向性を議論の俎上に載せたものの、事業系役員が自部門・領域視点から利益代表的に様々な反対意見を述べ、CHRO もすべての意見を聞こうとするあまり人材戦略が頓挫もしくは切れ味がなくなるものとなりやすい。トップがコミットメントを持ち、人事委員会を設置したとしても、利益代表的な役員の集まりであれば人材戦略を成功に導くことは難しくなってしまう。

儀礼的な会話から生成的な対話への転換（個別最適から全体最適視点へ）

人事委員会で行われる会話を個別最適から全体最適へ変えていくためには、対話の質を一段ずつ深める必要がある。オットー・シャーマー氏の提唱するU理論では、対話の質を４ステージに分けている。対話において何を優先するのかという横軸（全体を優先⇔部分を優先）と、対話をする際の前提や枠組みを示す縦軸（既存の枠組みにとらわれる⇔新しい枠組みを生み出す）で表される。全体を優先しながら、既存の枠組みにとらわれる儀礼的会話（ダウンローディング）から始まり、最終的には全体を優先しながら、新しい枠組みを生み出す生成的対話（プレゼンシング）へと対話のレベルは進化していく（図表5-2）。

人事委員会では特に第３層の内省的対話と全体最適志向に向けた第４層の生成的対話部分に役員が一枚岩化し全体最適志向になる重要なヒントがあると考える。

図表5-2 ▶ 対話の質の４段階

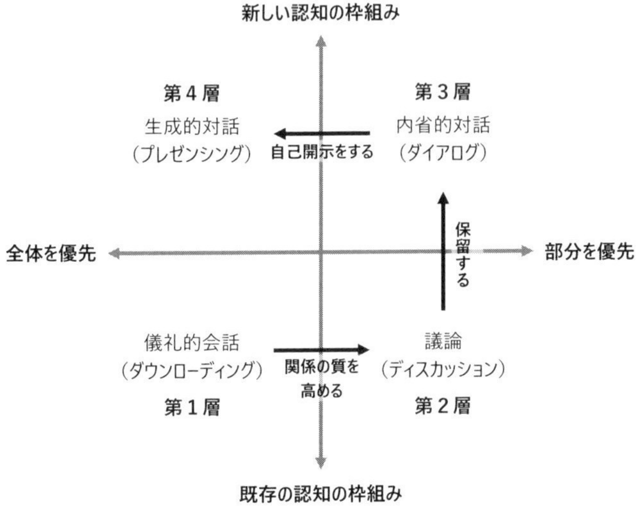

（出所）アダム・カヘン氏のモデルより作成

内省的対話（ダイアログ）

内省とは、自分の考えや行動を深く省みることを指す。人事委員会での議論においては、自分自身や自部門はどんな前提や枠組みを持っているのだろうかを省みながら対話を行うことである。

例えば、職務等級への移行を人事委員会において議論する際に、人事部門側では「職務レベルを厳密に定義し、総枠を管理し人件費をコントロールするという前提に、事業部の意見を都合よく解釈していたかもしれない」、また事業部門側では「人事部門の案に対して反対意見を言っているものの、役員として全社視点でどうありたいかを考える必要があったかもしれない」など、自分の発言や行動を省みることで新たな気付きが生まれるというものである。

こうした内省的対話から生成的対話に移行するためのポイントは自己開示であり、その意味は大きく２つある。

１つ目は他者の自己開示の誘発である。一人の内省的な発言から場全体が内省的な振る舞いに変化していくことが多々ある。利益代表的な発言がある中で、「立ち止まって考えると、自分たちの立場で考えてばかりであり、会社全体として考えられていないように思える」などの内省的な発言が出ることのインパクトは計り知れない。このような発言を引き出すためには人事委員会においてトップ自らが内省的発言を率先するケースや、そうしたマインドを有している役員を中心に対話を重ねる等のファシリテーションが求められる。

２つ目は枠組み・前提に対する相互理解の向上である。お互いの枠組みや前提を理解し合うことで、全体最適で物事を考え始めるきっかけとなるであろう。

生成的対話（プレゼンシング）

内省的対話は自分自身を省みるものであり、視点は全体ではなくあくまで自分自身（部分）に向いており、さらに全体に目を向けて新しい枠組みを作ることが必要となる。生成的対話では、各ステイクホルダーの前提や枠組みに理解を示しながら、会社全体としてどのような方向性に向かうべきかについての対話が進む。

「不公平感ばかりに意識がいっていたが、デジタル化の進んだ10 年後を見据えると、現時点から年功序列の処遇差を逆転する運用もしていく覚悟が必要かもしれない」「外部市場連動型の職務等級を導入しデジタル人材の獲得競争力を上げることの必要性を事業部の社員へ根気強く説明していきたい」「既存事業に関してもブリッジパーソンの育成・登用などデジタルを理解した営業人材を重点的に育成する必要がある」「既存事業部門からデジタル部門にエース級の人材をローテーションした際に、既存事業の穴を埋めるために何か支援はできないか」など中長期に視野を広げた全体最適の議論が進む。年功序列の価値観からすると一見不公平にも見える職務等級への切り替えへの覚悟なども生まれてくるだろう。

ステップ 3 役員層でありたい姿を描く

役員層での生成的な対話スタイルが始まれば、全体最適視点でデジタル化に向けた人材戦略を議論・対話する土台が整ったと言ってよい。次に現状の延長線上で課題を解決するギャップアプローチではなく、ありたい姿から描くポジティブアプローチが重要となる。

2019年6月に実施したNRI「VUCA時代の経営管理に関するアンケート調査」においても、そもそもデジタル化によって「何を目指すのか？」といったビジョンが不明確であることが多くの企業（経営企画担当役員や部長）の問題意識としてあげられている（「そもそもデジタル化で『何を目指すのか？』といったビジョンが不明確」という回答が41.5%を占める）。自社の事業面でのありたい姿と人材戦略を照らし合わせながら、どうありたいかの方向性を策定し、トップと役員陣で共通認識を持つことが求められる。

ギャップアプローチからポジティブアプローチへの転換

デジタル化によりゲームルールが大きく変化していく中で、現状の延長線上の積み上げ式の議論をしていては事業競争力強化に繋がる人材戦略の策定は困難である。このように「現状の延長線上の与えられた要求水準に対して、問題を特定し、原因を分析し、解決方法を検討し、解決に向けて実行する」という思考法はギャップアプローチと呼ばれるが（図表5-3）、このアプローチは既知のものを効率的に実行し結果を出す際には有効で、特に勝ちパターンが既にある程度わかっているもの、改善が重要であるもの等、問題や対応策が明確にできる場合に価値を発揮する。

一方、デジタル化は新しいビジネスモデルや業務プロセスの抜本的な改革となり、人材マネジメントにもパラダイムシフトが求められるため、ギャップアプローチでは限界がくる。与えられた要求水準と現状のギャップからくる問題ばかりに目が向くため、must（○○をしなければならない）や

図表 5-3 ▶ ギャップアプローチのイメージ

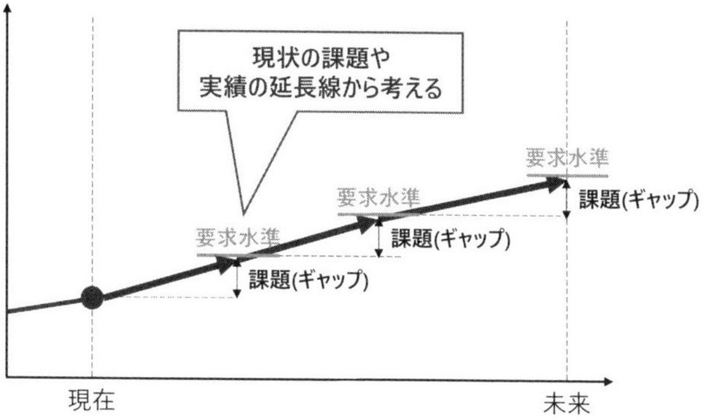

（出所）野村総合研究所

should（○○をすべき）という思考になりがちであるし、must や should が主体のコミュニケーションが組織に広がることで、組織全体に「やらされ感」が生まれやすい。人材戦略策定時にギャップアプローチの考え方のままで、現状に過度に引っ張られた改善方針ができ上がっているケースや、人材戦略を実行に移した際に閉塞感が生まれ、勢いがしぼんでいくケースが生じている。

人材戦略策定時に役員層で人材戦略の方向性を審議する際には、「自分たちがどうありたいかを最大限描き、実現したい状態を共有化して、新しい取り組みを始める」というポジティブアプローチがキーとなる（図表 5-4）。

ポイント①　バックキャスティング

ポジティブアプローチは、まずありたい姿から描き、実現に向けてどのようなステップを踏めばよいかというバックキャストでの考え方になる。

具体的には「デジタル時代において 10 年後に人材・人事領域においてどのような状態であるのが理想か？」などの問いから議論を始めることが重要だ。デジタル人材を高処遇で獲得するなど既存社員の不公平感に繋がる制度

図表 5-4 ▶ ポジティブアプローチのイメージ

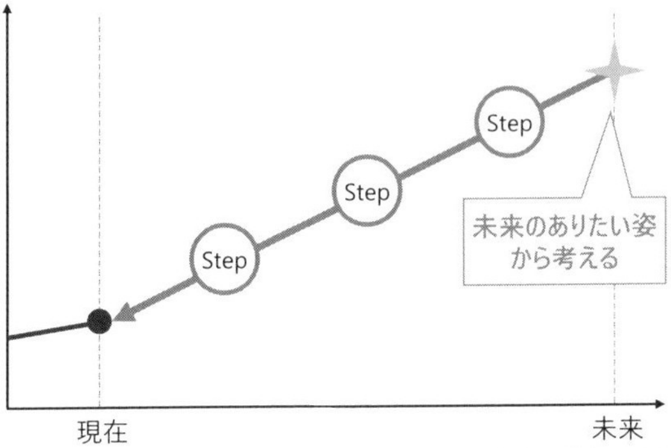

（出所）野村総合研究所

を検討する際に、役員層の中で達成したい状態や理想的な状態に合意がないまま議論を進めると、不公平感を理由とした反対意見に対して対応ができなくなる。一方、達成したい状態を合意していれば、反対意見が出たとしても達成したい状態に照らし合わせて、戦略策定時ではなく制度運用の検討時に取り扱うなどの対応が可能となる。

ポイント②　想いの起点　will と want

ポジティブアプローチでは、可能性に着目し未来を描くため、常に will や want が起点となる。「やりたい！」や「したい！」や「こうありたい！」といったワクワク感が原動力となる。人材戦略策定時では、「デジタル化により○○しなければならない」「他社の取り組みから鑑みるに自社も追随しなければならない」ではなく、「自社がデジタル人材をどの程度採用できると理想か」「事業の実現性が担保されている人事制度とは何か」という基準で考えることが重要となる。特に現場マネジメント層や社員まで人材戦略の浸透を図る際に、事業系役員が自分自身の will/want を交えながら、人材戦略を語ることができるかどうかはポイントだ。本社からの要請による should/must という語りでは、現場管理職や社員まで巻き込むことはできない。

ポイント③　中長期を見据えた対応

ポジティブアプローチでは、年単位の行動計画はあるものの、常にその先には将来のありたい姿がある。将来のありたい姿の実現に向けて中長期的な視点で考え、対応を選択する。人事委員会でのファシリテーションにおいて、目先の課題や問題に議論の焦点があたり続けるようであれば、トップやCHROが議論を中断し、場の意識を将来のありたい姿に向ける必要がある。特にデジタル時代の人材戦略と既存の人事制度の不具合を同時に扱うのではなく、まずデジタル時代の人材戦略のありたい姿や方向性を固めた後に、既存の人事制度の不具合を取り扱う方がよい。

コラム　デジタル化を自分事として捉え、デジタルマインドを持つために

前述のNRI「VUCA時代の経営管理に関するアンケート調査」において、2番目の問題意識は「経営陣（執行役員以上）にDX「経験値」（知識・スキル等）が乏しい」である。デジタル化によって「何を目指すのか？」といったビジョンが不明確であることは先述したが、この問題は、ビジョンを考える基盤としてのデジタル化の知識やスキルが不足している状況にあることを示している。こうした状況に対して、NRIでは役員層・部長／課長層がDXを自分事として捉えデジタルマインドへの転換を図るためのワークショップDiMiX（Digital Mind Transformation Workshop）を開発・提供している（図表5-5）。

ワークショップ（最短半日）は、点火・体験・実践の3つのパートで構成されている。

点火パートでは、「デジタル技術により世の中で何が起きているのか？」「デジタルトランスフォーメーションの成功事例において何がキーポイントであった

図表5-5 ▶ DiMiX（Digital Mind Transformation Workshop）の概要

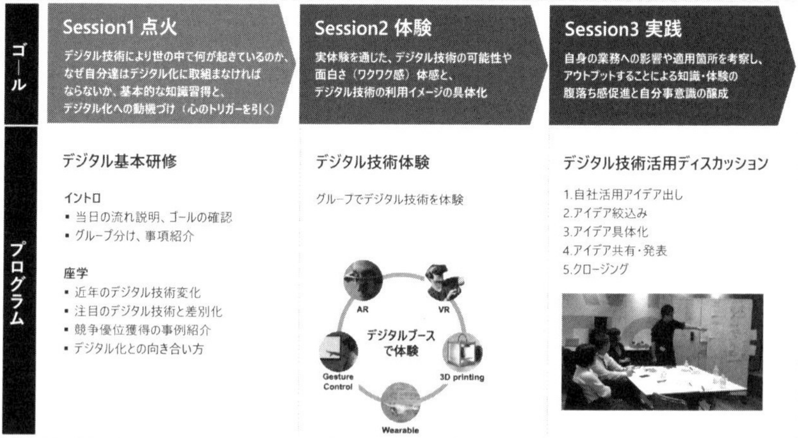

（出所）野村総合研究所

か？」などをインプットしながら、「なぜ自分たちはデジタル化に取り組まなければならないか？」について自分たちなりの想いを言葉にして心に火をつける。

体験パートでは、AR・VR・ウェアラブル・3D プリンターなど最新のデジタル技術を体験し、デジタル技術の可能性や面白さ（ワクワク感）に触れる。頭で理解するだけでなく、体感覚で理解することでデジタル化がより自分事化されるとともに、ありたい姿を考える上でのベースとなる知識や経験を得ることが可能となる。

そして実践パートでは、デジタル技術の体験を基に、自身の事業や業務への影響を考えながら、デジタルの取り入れ方をグループにて発表する。アウトプットをすることで、デジタル化を考えるきっかけとなり、デジタルマインドへの変容への第一歩となる。

ステップ 4　役員とCHROが現場管理職を共鳴型で巻き込む

人材戦略に限らず、役員層や本社機能が戦略を策定し現場を従わせる（一方通行で浸透させる）というアプローチでは、現場にはやらされ感が蔓延し本来の目的に沿った運用をすることはできない。

役員層と現場管理職が対話を重ね、デジタル化の本質やそれに伴う人材・人事戦略の変革を自分事として捉えて自分で考え実践する場が必要となる。例えば人事部門が企画・運営する評価者研修ではなく、直属の役員が現場管理職との間で対話形式にて新しい人材戦略を議論、咀嚼し、現場の事情に応じた運用方法を検討しながら進めるようなワークショップを起点にするといった取り組みである。共感・共鳴を獲得しながら浸透を進めるアプローチを検討する必要がある。

現場管理職をどう巻き込むか（職務給への転換のケース）

第４章では外部市場価値連動型の職務給への転換について述べたが、職務給の制度設計および運用面において、現場管理職に自分事として捉えてもらえるように巻き込めるかがキーポイントになる。具体的には、職務給の制度設計時に、組織内のポジションごとに①「職務の定義付け」における現場管理職の巻き込みと②「責任・成果の明確化」における現場管理職の巻き込みが必要となる。

①「職務の定義付け」における現場管理職の巻き込み

職務に対して処遇するためには、まず組織内にどのような職務が存在するかを棚卸しすることが必要である。そして既存の職務がデジタル化によって効率化・省人化され、その職務そのものの価値の大きさが変更されるケースや価値自体がなくなるケース、デジタル化を実現するために従来存在しなかった新たな職務を定義する必要もあるだろう。既存の職務の棚卸しはもちろんのこと、デジタルによる新たな職務定義付けを、現場から距離がある人事部門が主導することは困難であり、現場管理職に主導してもらう必要がある。

デジタル化によって外部市場価値連動型の職務給が次第に会社内に浸透する状況において、現場管理職による「職務の定義付け」は大変重要な人事機能となる。職務の定義付けでありながら、どうしてもその職務を担当しているヒトの顔が見えてしまい温情主義に陥ってしまうことで、本来的な定義付けができなければ、過去の伝統的日本企業が先送りしてきた人事改革の二の舞となってしまう。このため本社人事部門は、現場管理職が適切な「職務の定義付け」ができるために、職務定義（ジョブディスクリプション）の雛形・基準や「職務定義」の記述の仕方の粒度等を示しながらサポートする必要があるし、役員は現場管理職が部分最適で近視眼的思考に陥らないように視座を上げさせるよう働きかけ続けなければならない。

②「責任・成果の明確化」における現場管理職の巻き込み

現場管理職は職務の定義付けの後にその職務ごとの責任および求められる成果を明確にして人事管理上の等級（職務等級・役割等級・ジョブグレード）に格付けをする必要がある。格付けされた等級に応じて報酬が決定するため、社員に対して職務の成果・責任の大きさや等級格付けには説明責任を負うことになる。デジタル化によって新しいビジネスだけではなく、既存のビジネスや業務に関しても会社から期待される成果や責任の大きさは変容していく。

職務等級への格付けの結果、従来は業務の難易度も高く専門性も必要な職務が新たなテクノロジーによって価値が下がり、等級格付けが下方に移動することが頻繁に生じてくる。逆にデジタル化によって新しい事業領域が拡大し、収益期待が拡大する職務では等級格付けが上方に移動し処遇が上昇することも生じる。

必然的にそれぞれの職務を担当しているヒトの処遇は逆転する状況が発生

するが、その説明責任を負うのは本社人事部門ではなく現場管理職である。年功序列の処遇を崩すことになる職務等級の格付けをやり切ることが必要である。

このように職能等級に比べて職務等級では制度設計面においても運用面においても、現場管理職側に多くの人事管理（HRM：Human Resource Management）機能の発揮が求められる。現場管理職が本社側で決定された人事制度を運用させられている状態から、事業戦略の実現性を担保する人材戦略の運用・実行主体者であるとの認識をし、人材・人事領域の検討や運用に参加することが求められる。

策定―浸透モデルから共鳴モデルへの転換

戦略を策定する側と浸透させられる側に分かれるモデルを策定―浸透モデルと呼ぶ（図表5-6）。従来的な人事制度説明会や評価者研修は人事部門にて策定した人事制度を現場に浸透するというやり方は策定―浸透モデルと言え

図表5-6 ▶ 策定ー浸透モデル

（出所）野村総合研究所

る。変革の方針を話す人と聞かされる人、変革を浸透する人と浸透させられる人、変革案を作る人と評価する人との分断が起き、聞かされる人・浸透させられる人・評価する人へ自分事化が広がりにくい。結果として人材戦略の方針への反発や受け身姿勢が多くなり、本来の目的に基づいた制度運用や実践が広がらないという状況が発生する。

また、デジタル時代においてはデジタル人材を有期雇用するケースやパラレルワーク（２種類以上の仕事を同時に手がける働き方）などの柔軟な雇用形態も十分に想定される。デジタル人材は終身雇用の既存社員に比べて、帰属意識は低くなり、事業戦略や人材戦略を自分事化しにくい状況にあるといってもいいだろう。

一方、共鳴モデルは策定したものを伝えるだけでなく、自分自身や事業にとってどんな意味があるのかを自分事として考える時間を作るアプローチである（図表5-7）。まず、役員層が自分自身の言葉で事業戦略に応じたデジタル時代の人材戦略の目的や概要を説明する。重要なのは役員自身の個人的な

図表5-7 ▶ 共鳴モデル

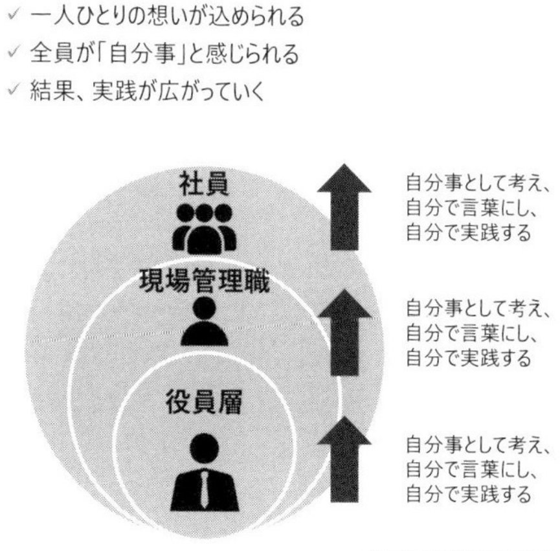

（出所）野村総合研究所

will/want・現状への問題意識を自らの言葉で語ることである。全社向けの人材戦略概要資料を読むだけでは、現場管理職に対して役員の本気度は伝わらない。

次に役員と現場管理職との対話の時間を設ける。デジタル化によって事業はどのような変革が求められているのか、変革を実現するためになぜコンフリクトが発生する恐れのある新たな人材戦略が必要なのかなどについて現場管理職との対話機会を創出する。

役員は現場管理職の疑問や意見を受け止め、人事部門に任せるのではなく率先して自らの言葉で回答をすることで、本社人事部門起点ではなく事業部起点で制度策定および運用をするという意識醸成が始まる。

最後にデジタル化に伴う人材戦略が「管轄組織やチームに対してどのような意味や影響があるのか」「導入後に管轄組織やチームがどのような状態になるのが理想か」「理想を実現するために自分は何をするか」等について現場管理職自身が自らの言葉で発信する場を設ける。自身の言葉で想いを語り実現するための自分のあり方やアクションを明確にすることで、本社からのやらされ感はなくなり、人材戦略を自分事化する第一歩となる。

それと同時に現場管理職は、新しい人材戦略を自身のメンバーに対して浸透させる際には共鳴モデルという武器を活用して巻き込むことが可能になるのである。

ステップ 5 現場管理職による双方向のマネジメントへの転換

このステップでは、第４章で前述した「デジタル時代の事業開発・業務・組織のトレンド」を踏まえたマネジメントスタイルの転換について述べていく。

ボトムアップで多様な視点を取り入れて新たな事業・価値を創造する

事業開発スピードの高速化、多産多死型の事業開発、オープンイノベーションといった事業開発トレンドにおいて、従来のトップダウン型のマネジメントはむしろ足かせになる。トップダウン型のマネジメントのみに頼ることで、管理職の過去の成功体験のみに偏った意思決定になる恐れがあるからだ。また、多様性が高いほど、新商品・サービスの収益割合が高まることがわかっている。多様性を活かし事業創造に繋げるためにも、ボトムアップで意見を吸い上げて多様な視点を取り入れる必要があると言えるだろう。

高頻度のコミュニケーションで複数の組織横断プロジェクトの状況を把握する

一方、プロジェクト型の業務遂行、短サイクルPDCA、テクノロジー活用による効率化・省力化といった業務トレンドにおいてプロジェクト型の業務遂行が中心となると、管理職の管轄内に複数の組織横断プロジェクトが同時並行で走る状態が当たり前となる。すると従来のマネジメントのように半年に一回の評価面談では、業務の実態を把握しきれなくなる。また、現場管理職自身に経験のない領域のプロジェクトや専門性の異なるメンバー・プロジェクトもある中では、高頻度のコミュニケーションを図り状況を把握する必要がある。

一人ひとりに組織の期待を伝え、能力開発をサポートし自律と内省を促す

また、階層のフラット化・ネットワーク化といった組織トレンドにおいては、多様な契約形態、多種多様な価値観を有するメンバー、ネットワーク型で社外のパートナー・アウトソーサーと双方向に繋がっていく。そうした中で管理職による（社外も含む）メンバーのモチベーションマネジメントの難易度は確実に上昇するだろう。また、報酬体系が社内価値連動型から外部市場価値連動型に移行し、人材の価値付け方も職能等級から職務・役割等級

ベースとなり、年齢や年次と報酬に当たり前のように逆転が生じ、社内で様々なコンフリクトが生じる可能性も十分にある。

現場の管理職の大切な役割は、メンバー一人ひとりに向き合い、それぞれの不安を受け止め、理解をした上で各人にデジタル化を自分事として捉えてもらい、今後に向けて必要な能力開発をサポートすることである。ヒトに対して活躍してもらいたい期待を適切に伝えると同時に、自律や内省を促すコミュニケーションが必要となる。

1on1を活用した双方向マネジメント

ボトムアップ・高頻度のコミュニケーション・自律と内省を満たすマネジメント手法として1on1マネジメントについて紹介する。

1on1マネジメントは米国のシリコンバレーのスタートアップが発祥と言われている、上司と部下が1対1で30分程度の時間を定期的に設けるマネジメント手法だ。シリコンバレーではデジタル人材の獲得競争が激化する中で、定期的にメンバーのための時間を設けることで、メンバーとの信頼関係や仕事へのやりがいを創出する狙いがあった。

従来の半期に1回行われる人事考課面談とは、①目的、②進め方・関わり方、そして③頻度が大きく異なる（図表5-8）。

①目的

人事考課面談は、MBO（目標管理制度：Management By Objectives）で設定した目標の達成状況の確認が主な目的であり、マネージャーの管理業務のための時間である。話題は業務上の目標が中心である。それに対して1on1は、中長期的なメンバーの育成・経験学習やメンバーのやりがい向上、メンバーのキャリア形成支援などが主な目的でありメンバーのための時間と言える。

デジタル化でビジネスモデルや業務プロセスが日々刻々と大きく変わる中では、メンバーのキャリア形成やリスキルのための能力開発支援が特に大事

図表 5-8 ▶ 人事考課面談と 1on1 の違い

	人事考課面談	1on1
目的	【マネージャーのための時間】 ✓ 期初に設定した目標の進捗状況・達成状況の確認	【メンバーのための時間】 ✓ 中長期的な育成・経験学習 ✓ やりがい向上 ✓ キャリア形成支援等
進め方・関わり方	✓ マネージャー主導 ✓ マネージャーは自分の認識や考えに照らし合わせながら聞く	✓ メンバー主導 ✓ マネージャーは傾聴をしながら内省に繋がる質問を投げかける
頻度	✓ 半期や四半期に1回30分程度	✓ 週次～2カ月に1回30分程度

（出所）野村総合研究所

となる。中長期的なキャリアの希望をメンバーから引き出し、デジタル化による事業方向性や今後について、組織からの期待を念頭に置きながら、キャリアの方向性について対話することが求められる。

②進め方・関わり方

人事考課面談では、マネージャー主導で会話を進め、メンバーの目標や達成状況の共有に対してマネージャーは自分自身の認識や考えに照らし合わせながら聞き、質問をしながら確認し、マネージャー側からの次年度への期待や改善点を伝えて終わる。

一方、1on1 ではメンバー主導で会話が進む。メンバーが話したいことが取り上げられ、マネージャーは傾聴をしながらメンバーの内省に繋がるような質問をしながら対話を進める。特にマネージャーが注意すべきはメンバーの話を傾聴することだ。仕事の相談となれば、知識や経験はマネージャーの方が豊富であり、メンバーが話し終わる前に「それはこういうことだな」「ここは勘違いをしているな」と頭の中でジャッジが始まってしまう。

1on1は普段の仕事のコミュニケーションとは別であり、内省を促しメンバー自身に気づいてもらう経験学習がポイントとなるため、自分自身のジャッジを止めて、メンバーの話している内容やその裏にある不安などの感情や価値観に耳を傾ける必要がある。

③頻度

人事考課面談では、半期や四半期に1回30分程度のペースで目標の進捗状況や達成状況を確認する。目標設定が半期ごとであるため、確認するタイミングは短くても四半期になる。一方、1on1では管轄するメンバーの人数にもよるが週次～2カ月に1回30分のペースで時間を設ける。デジタル化によりプロジェクト型の業務が増えメンバーの状態やプロジェクトの状況把握が困難になる中で重要性が高まることはもちろんのこと、多様な人材が流動的に動くデジタル時代において新たなメンバーと素早く信頼関係を作るためにも、高頻度の実施は重要である。

情報通信企業A社の役員起点の1on1浸透・導入のケース

情報通信企業のA社では、「デジタル時代において、多様性を活かした事業運営が必要なのではないか」という事業部門の役員の問題意識から1on1の導入が始まった。既存の延長線上で業務を遂行するのであれば従来のトップダウンのマネジメントでうまくいくが、デジタル化による新規事業の創出や既存事業の再構築にはボトムアップの意見やメンバーの自発的な行動が必要という役員の危機感が発端となり、役員自身が実践するのはもちろんのこと、同様の問題意識を持つ管理職層を公募制で集め、1on1のワークショップを開催した。

ワークショップは全5回で構成され、前半2回は1on1に対する意識醸成に費やした。1on1を始めた背景を役員が自分の言葉で語り、管理職層と対話を重ねた。そして、管理職一人ひとりの理想的な部の状態、理想的なメンバーの状態、そのために必要な自分自身の関わりを明文化することで自分事化を深めていった。後半3回は1on1の進め方・関わり方を対話型で学びながら、関わり方については傾聴や反映といったコーチングスキルトレーニングを受講した。また、ワークショップ間には1on1を実践し、学びや気付きを次のワークショップで共有し学びを深めていった。

1on1ワークショップを受けたマネジメント層は1on1の実践を続け、1年後のエンゲージメントサーベイにてスコアの向上といった目に見える成果も表出している。1on1の導入においても、その必要性を役員自身が自らの言葉で語り、管理職自身も1on1を自分事として捉え、実践をすることでエンゲージメント向上に繋げることが可能となる。

A社の事例で特筆すべきは、ワークショップ内の対話の中で、現場管理職層の自分事化を醸成した点にあると考える。逆に1on1を研修として管理職に教えて実践させるという姿勢では、1on1の定着には繋がらないだろう。

ステップ6　人事部門がHRテクノロジーを活用して社員エンゲージメントをモニタリングする

テクノロジーの目覚ましい進展により、人事・人材領域についても様々なHRテック（人事業務×テクノロジー）の活用ツールが勃興している。デジタル化による新たな人材戦略が本格的に運用段階に入った後に現場社員のモチベーションやエンゲージメントの状況、コンフリクト発生の有無をモニタリングする必要がある。その際HRテックを活用し高速PDCAを回すことがポイントである。

エンゲージメントサーベイやパルスサーベイの活用

モチベーションやエンゲージメントを確認するには、年一回サイクルにて意欲全般について包括的に確認するエンゲージメントサーベイと、週次や月

図表 5-9 ▶ エンゲージメントサーベイとパルスサーベイの違い

	エンゲージメントサーベイ	パルスサーベイ
頻度	✓ 半年ごとや年次	✓ 週次や月次
所要時間	✓ 20分〜30分程度	✓ 1〜3分程度
設問数	✓ 50問以上	✓ 10問以下
設問の特徴	✓ 個人の状態から組織の戦略の理解度など多岐に渡る	✓ 個人の状態を把握するための基本的な質問のみ
強み	✓ 個人から組織まで多面的に状況や課題の把握が可能	✓ リアルタイムの把握＆対応・働きかけが可能
弱み	✓ 回答負荷が高い ✓ 分析等のハードルが高い	✓ 設問数が少なく抽象的であり、課題特定が困難

（出所）野村総合研究所

次といった高頻度で現在のヒトの心理状況や満足度など範囲を限定し確認するパルスサーベイが存在する（図表 5-9）。

エンゲージメントサーベイの設問数は 50 問以上であり半年〜一年に 1 回程度の実施が一般的であり、自分自身の状態から始まり、会社や所属組織の戦略の理解度や経営陣・上司の関わりなど内容は多岐に渡る。1 回の回答に 20 分〜 30 分程度かかるため回答の負荷は高い一方、個人のモチベーションやエンゲージメントだけでなく会社組織の問題・課題も多面的に把握して各種施策のモニタリングに活用することが可能となる。

リンクアンドモチベーション社の「モチベーションクラウド」では、従業員エンゲージメントに影響を与える「対会社」「対上司」「対職場」に紐づく 16 領域 64 項目について、期待度と満足度の二軸で測ることで、課題解決の優先順位付けや PDCA を回すポイントを明確にしている[1]。エンゲージメン

1　モチベーションクラウドには「フォーカスサーベイ」というパルスサーベイ機能も搭載

トサーベイの懸念点は、１回の設問数が多く回答負荷が高いため回答率の低下が懸念されることと回答後の分析や有効な示唆出しのハードルが高いことがあげられる。

一方、パルスサーベイの設問数は10問以内であり週次や月次での実施が一般的であり、主に社員の現在の状態に絞った設問内容となる。１回の回答に１～３分で回答できるため回答の負荷は低い一方、得られる項目は現在の健康状態や仕事への満足度など抽象的な設問となり範囲も限定される。

第３章で紹介したサイバーエージェント社の「Geppo（ゲッポウ）」は、退職・休業の主要因である仕事の満足度・人間関係・健康の３点に対して３つの設問とフリーコメントで構成されている。社員のコンディションの推移を把握しながら、特定の項目にて急に下がった社員がいればリアルタイムで声をかけるなどの働きかけに活用可能となる。パルスサーベイの懸念点は、設問が少なく抽象的であるため具体的な課題を特定できないことがあげられる。

職務等級への転換などをする際には、既存社員のエンゲージメントが降下していないか、デジタル人材が会社に馴染みエンゲージメント高く働けているかなどを確認する必要がある。特に年功序列に近しい職能から職務への転換により、従来よりも給与が下がるケースなどは注意が必要である。HRテックを活用しモニタリングをしながら、急激な変化のあるヒトや組織については、時に人事部門と現場管理職が連携をしながら対応していくことが求められている。

デジタル化に向けた人材戦略を実現するために

デジタル化に向けた人材戦略を絵に描いた餅で終わらせないための６ステップを取り上げてきた。トップの想いとコミットメントから始まり、役員層が一枚岩化し、現場管理職を巻き込みながら、既存のマネジメントスタイルも変えていく。デジタル時代の人材戦略が従来の人事制度改定とは比較できない大きなチャレンジであることがおわかりいただけたと思う。

トップは、人事課題を経営課題に格上げして取り扱い、役員層の集まる人事委員会においては、生成的な対話となるようなファシリテーションをCHROと協力しながら実施する。そこでありたい姿を引き出し、役員層が一枚岩化することで、現場へのスムーズな波及に繋がっていく。

事業系役員については、人事課題を人事部門の仕事ではなく自分事として捉え、現場管理職やメンバーに対して、自分の言葉で語る必要がある。CHROなど人事部門の担当者が説明するだけでは、現場には響かない。直属の役員が自分の言葉で語り、対話しながら浸透させていくことが重要だ。

現場管理職は、職務等級の導入によりデジタル化によってやり方が変わる仕事を適切に定義し、格付けして処遇を設定する。そして多種多様なメンバーをマネジメントしてモチベートしていくために、人材マネジメントスキルを高める必要があるだろう。PoCで終わらせない真のデジタルトランスフォーメーションを実現するためには、現場管理職の人事管理能力向上が不可欠であり、言葉を選ばずに言えば実現性を担保するための主役と言ってもいいだろう。

過去に日本企業には職務・役割等級や、成果主義の導入がうまく実現できなかったが以前の運用方法に戻すなどをしてやり過ごしてきた。しかし、今回は人材・人事領域に限られた課題ではなく、経営課題である。すべてのステイクホルダーが一体となりデジタル化に向けた人材戦略を実現させていかなくてはならない。

あとがきに代えて

デジタル化と同一労働同一賃金

新型コロナウイルスによる非常事態宣言が発出するちょうど一週間前の2020年4月1日より同一労働同一賃金に関する法令「パートタイム・有期雇用労働法」が施行された。まだ解釈が定まっていない面があるものの、政府が目指すのはパートタイマーや有期契約社員といった非正規社員の待遇改善である。

いわゆる期間の定めのない正社員とパートタイム社員や有期雇用契約社員間の不合理な待遇格差を是正し、賃金水準の底上げや社会的な弱者の救済を通じて景気を下支えし経済社会にお金を循環させるとの意図であろう。

本法律が施行の決着を見るまでは、様々な紆余曲折があったことは読者も知るところであろう。同一労働同一賃金のコンセプト自体はヨーロッパの国々が労働法の基本理念として掲げる考え方であり、合理的な考え方と言える。

一方で欧州と日本では、米国と日本ほどではないにしても企業を取り巻く産業構造上の違い、中でも欧州に存在する職種別賃金水準に関しては、まったく異なる構造を有していると言っても過言ではない。

欧州では属する産業が違っていても、同じ職種であれば、各企業はそのベースとなる職種別賃金データを参考にして企業内賃金水準を検討する。例えば塗装職であれば、クルマのボディーの塗装職だろうが船舶の塗装職だろうが、それぞれの企業人事や労働組合はほぼ同じ職種別の賃金水準データを参照しながら、企業内の職種別賃金を検討するというものである。こうした背景から、同一労働同一賃金という理念をリアルな報酬制度に反映することが可能となる。

一方で日本型人材マネジメントでは、本書の第2章や第4章で述べたように、長期雇用や終身雇用を前提に企業が社員を無制限に担当職務変更し、職務遂行能力向上という名目のもと、社員に様々な職務を担当させるゼネラリスト型育成モデルがいまだ主流である。こうした育成モデルを維持したままでは、同一労働同一賃金のコンセプトを本当の意味で実現するのは無理であることは火を見るより明らかである。

結果として2020年4月からの同一労働同一賃金施行は、当初意図したような非正規社員の報酬引上げにはそれほど繋がらない可能性がある。もちろん、ほとんど同じ仕事をしているのに賞与がないといった、従来は許容されてきた非正規社員に対する処遇格差はこの機に改善されることが期待される。

一方で、デジタル化の流れはヒトの処遇を外部市場価値ベースとすることを促すものであることから、外部市場価値が明らかに存在すると思われる職種に関しては、業務の専門家やスペシャリストの配置や外部採用が促進されるだろう。すると、それを担う社員がたまたま非正規社員であったとしても、まさしく同一労働同一賃金の観点から外部市場価値を参考にした報酬水準の設定が進んでいく可能性が高いと考えられる。

会社組織と社員の定義が変わる!?

デジタル化によるテクノロジーの進展は、会社組織や社員の定義にも影響を及ぼすことが想定される。デジタルの時代においては新しいビジネスのアイデアを具体的なサービスやプロダクトにするまでのプロセスやコスト、組織・人材といった必要リソースが各段に下がっている。

テスラモーターは2003年の創業である。既に四半期ベースで10万台を超える生産体制を確立しているようであるが、多くは他企業との共同開発や生産委託であり、電子モーターによる運転システムも様々な外部企業との共同開発の成果であろう。今や3Dプリンターやデジタルでの画像解析技術を活用して色々なアイデアや発想を試作品化したり、小規模生産ができるようになったりと、個人と大企業でできること、特に新しいアイデアの具現化という領域では、それほど規模の優位性が効かなくなってきたのである。

「将来はこんなことをしたい」と考えた過去の若者は、まずは大企業に入ってそこで出世し、大きな組織の権限を持つところまではじっと我慢しなければならなかったが、今の若者はスタートアップやフリーランサーという立場で自身のアイデアを磨き、必要に応じて投資ファンドや大企業から資金を獲得し、やりたいことにすぐにチャレンジする直線的なキャリアパスを志向するようになった。

スタートアップ企業に所属する若者がたった一人で大企業の社員とディスカッションする場面では大企業側は複数の部署から上司と部下がそれぞれ参加した挙句、難しい意思決定を迫ると「会社に持ち帰って上と相談する」という回答しかできないといったことはよくある話である。

デジタル時代に限らず、新しいアイデアや先端テクノロジーは必ずしも大企業内に存在するわけではない。大企業はこれからもスタートアップを含む他企業やフリーランサーと企業組織の枠を超え、いわゆる「エコシステム」を形成し協働していかなくてはならない。

しかしながら、それは必ずしも悲観的なことばかりではないだろう。デジタルに限らずテクノロジーの進展はとどまるところを知らず、新しいビジネスモデルや先端技術の出現の度に、企業は事業ポートフォリオや人材ポートフォリオの組み換えを検討しなければならないが、外部との共同化が進むに従いこうした組み換えは外部との共同の組み換えを意味し、それは内部のリソース組み換えと比べると、しがらみの点から比較的やりやすいと言えるからである。

むしろ必要なことは「本当に会社内部でやることは何」で、それを担当する「社員とはどういうことをするヒトか」の再定義である。述べてきたように、デジタル時代においては有期雇用社員やフリーランサーとの業務委託契約といった分業が一層進展する。これまでは正社員と非正規社員を雇用期間の定めと雇用形態（雇用か業務委託か）で区分してきたが、会社や事業のコアの部分を必ず正社員が担当するとは言えなくなってきている。

さらに言及するならば、「会社組織」が何をもって外部と境界を設定するかという組織論の問題に及ぶ。エコシステムで形成され繋がっている会社同士や会社とヒトは、もはや一対一ではなくネットワーク的な共同体である。それは会社がコミュニティーのような緩やかな繋がりの上に乗っている姿に近いのかもしれない。

コミュニティー上に存在する会社組織とは何をもって、会社外との境界線とするのか、またその際に社員（特に正社員）とは何を期待されるヒトなのか、本当の意味での「デジタル時代の人材マネジメント」はまったく違う会社組織とヒトの枠組みで語る必要があるのかもしれない。

謝辞（お世話になった皆様へ）

本書を執筆するにあたり我々は多くの方々とデジタル化を起点とした「近未来の人材マネジメント」に関して深く協働する機会を得た。

本書の大部分は企業経営者、企業人事実務家、コンサルタント、そして編集者との相互作用の結果である。

その中でもダイキン工業、コニカミノルタ、大日本印刷、サイバーエージェント、SAP、YKK、サイボウズの関係者の方々からは多くの知見と知恵を提供いただいた。

また、野村総合研究所グループ内でのディスカッションにおいては、まさに「スパーリングパートナー」として、様々な角度から論点を射貫く指摘・指導をいただき、我々筆者の思考を常に活性化させ、目を開かせてくれた。

特に、（以下、敬称略）上野歩、村田佳生、青嶋稔、雨宮正和、三浦滋、野呂直子、清瀬一善、松林一裕からは具体的で有益な示唆や事例の共有をいただき、我々を丁寧に導いていただいた。

そして本書を担当いただいた東洋経済新報社岡田光司氏と関係者の皆様には当初より我々のストーリー、主張を大局的な視点で支持いただき、コロナ禍における執筆・編集作業という特殊な状況下においても無事発刊へと導いてくれた。こうしたすべての関係者の皆様に心より御礼を申しあげたい。

2020年7月　　内藤琢磨